하이! 코리안

Hi! KOREAN

Student's Book

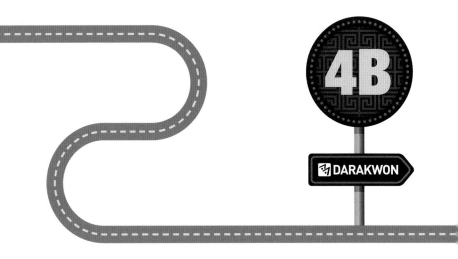

4B

DARAKWON

머리말

한국어 수업 현장에서 만나는 학습자들에게 한국어를 배우는 이유를 물으면 으레 '한국 문화가 좋아서'라고 답합니다. 어찌 보면 우문에 현답 같은 이 말 속에는 언어와 문화의 관계에 대해 굳이 거창하게 언급할 필요도 없을 만큼 이미 많은 것이 담겨 있으며, 이는 한국어 학습의 가장 기초적인 도구이자 관문이 될 수 있는 교재를 만들고자 할 때 좋은 길잡이가 되어 준 동시에 큰 숙제이기도 했습니다. 더불어 '활자 상실의 시대'라는 말이 과하지 않을 정도로 영상 콘텐츠가 대세인 환경에서 한국어 학습에 다시금 교재의 필요성과 중요성을 확인시켜야 할 의무감도 있었습니다. "Hi! Korean"은 이러한 고민들 속에서 시작되었고 여러 집필진들의 노력 끝에 출간하게 되었습니다.

본 교재는 말하기·듣기·읽기·쓰기 영역의 통합 교재로 다양한 교육 기관에서 정규 과정에 활용할 수 있도록 구성하였습니다. 또한 교육 기관을 통하지 않고 한국어를 배우고자 하는 개인 학습자들도 고려하여 교재만으로도 한국어를 학습하는 데 큰 어려움이 없도록 주의를 기울였습니다. 기본적으로는 초급부터 고급까지 구성의 일관성을 유지하며 말하기·듣기·읽기·쓰기 영역을 유기적으로 제시하되 각 단계별 특징을 고려하여 구성에 일부 차이를 두었습니다. 특히 듣기와 읽기를 과마다 제시하는 대신 과별 분리 제시하여 영역별 학습 집중도를 높이고 동일한 구성이 가져올 수 있는 지루함도 다소 덜어 내고자 하였습니다. 또한 듣기와 읽기 학습 시 문제 풀이 중심에서 벗어나 말하기로 정리하게 함으로써 의사소통 역량을 키우는 데 중점을 두었습니다. 더불어 기능별 심화 학습이 이루어질 수 있도록 초급과 고급까지 대단원마다 쓰기 및 말하기 항목을 따로 두어 초급과 중급에서 체계적으로 학습하고, 이후 고급의 심화 단계에서 응용할 수 있도록 하였습니다. 마지막으로 단원의 주제와 내용을 통해 한국의 오늘을 보다 현실감 있게 보여 주려고 노력하였는데, 이때 실제로 언어가 사용되는 환경과 동떨어지지 않으면서 동시에 학습에 적합한 내용을 제시하기 위해 내용은 물론 사진이나 삽화 등의 선택에도 끊임없이 고민하였습니다. 이러한 노력은 결국 이 책을 사용하여 한국어의 아름다움과 마주하게 될 미지의 학습자들을 위한 것으로 그들의 학습 여정에 도움이 될 수 있었으면 합니다.

서두에 밝힌 바와 같이 크고 무거운 숙제를 안고 교재 출간이 기획되었고 오랜 기간 여러 선생님들의 헌신과 노력 끝에 "Hi! Korean"이 완성되었습니다. 본 교재는 전·현직 홍익대학교 국제언어교육원의 한국어 교사들이 중심이 되어 기획 및 집필의 모든 과정을 함께 하였는데 쉼없이 강의와 집필을 병행하시느라 고생하신 선생님들께 감사드립니다. 또한 옆에서 항상 응원해 주신 홍익대학교 국제언어교육원 동료 선생님들과 처음부터 끝까지 모든 과정에서 세심하게 챙겨 주시고 이끌어 주신 정은화 선생님께 깊은 감사를 드립니다. 마지막으로 편집 및 출판을 맡아 주신 다락원 관계자분들께도 감사의 말씀을 전합니다.

— 2023년 11월
저자 대표 이 현 숙

일러두기

〈Hi! Korean Student's Book 4〉는 '1단원~12단원'으로 구성되어 있고 한 단원은 '소단원 1, 2, 한 단계 오르기'로 이루어져 있다. '소단원 1'은 '문법, 대화, 어휘와 표현, 듣고 말하기 1, 2', '소단원 2'는 '문법, 대화, 어휘와 표현, 읽고 말하기 1, 2', '한 단계 오르기'는 '생각해 봅시다, 어휘 늘리기, 실전 말하기, 실전 쓰기'로 구성되었다.

소단원 1, 2

도입 --- 문법 --- 대화 --- 어휘와 표현

듣고 말하기 1 --- 듣고 말하기 2

읽고 말하기 1 --- 읽고 말하기 2

한 단계 오르기

- 생각해 봅시다
- 어휘 늘리기
- 실전 말하기
- 실전 쓰기

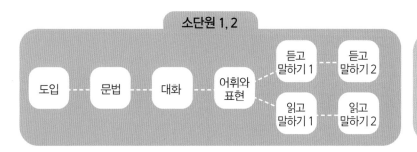

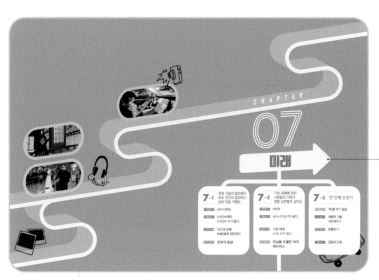

단원 소개

단원의 주제와 학습 목표를 알려 준다.

소단원 1, 2

도입

학습할 내용을 추측할 수 있도록 주제와 관련된 사진과 질문을 제시한다.

문법

‘문법 제시’, ‘연습’, ‘활동’으로 구성된다.

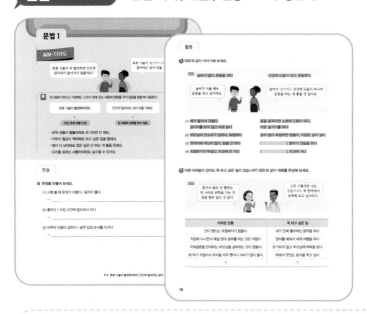

소단원마다 2개의 목표 문법을 제시한다. 상황 제시 대화, 도식화된 문형 정보, 예문을 제시하여 목표 문법에 대한 이해를 돕는다. 연습과 활동을 통해 목표 문법의 활용을 연습한다.

대화

단원의 목표 문법으로 구성된 대화문을 관련된 그림과 함께 제시한다.

어휘와 표현

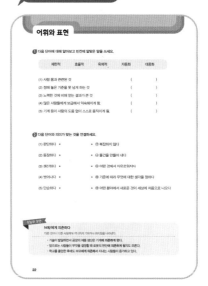

단원의 주제와 관련된 어휘와 표현을 그림이나 사진, 의미와 함께 제시하고 간단한 문제를 통해 이해했는지 확인한다.

듣고 말하기   듣고 말하기 1, 2로 구성되어 있다.

사진과 그림을 이용한 사전 활동, 내용 이해 중심의 듣기 활동, 듣기 내용과 연계된 말하기 활동으로 이루어진다. '듣고 말하기 1'이 '듣고 말하기 2'를 하기 위한 준비 활동이 될 수 있도록 구성하였다.

읽고 말하기   읽고 말하기 1, 2로 구성되어 있다.

사진과 그림을 이용한 사전 활동, 내용 이해 중심의 읽기 활동, 읽기 내용과 연계된 말하기 활동으로 이루어진다. '읽고 말하기 2'는 '읽고 말하기 1'의 내용을 연계해 확장되도록 구성하였다.

한 단계 오르기

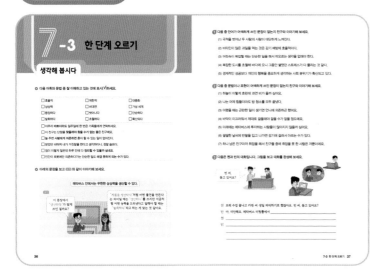

생각해 봅시다

단원에서 학습한 '어휘와 표현' 및 '문법'을 확인하고 어색한 문장을 고치는 연습을 통해 이해도를 점검한다. 단원의 주제와 관련된 짧은 이야기를 만들며 배운 내용을 종합해 볼 수 있도록 한다.

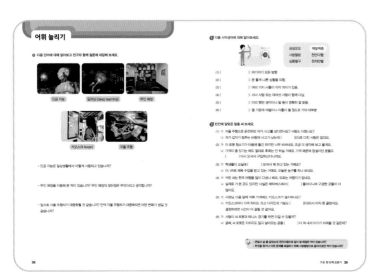

어휘 늘리기

단원의 주제와 관련된 어휘를 확장하는 부분과 관용어, 속담 등을 학습하는 부분으로 이루어져 있다.

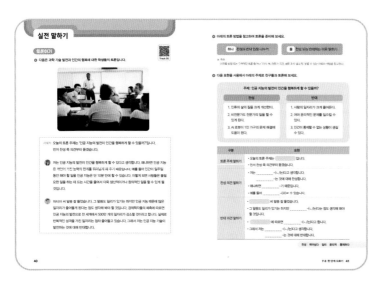

실전 말하기

각 단원의 주제와 관련된 유의미한 말하기 텍스트를 제시한다. 말하기에 사용하기 좋은 표현을 함께 제시하여 실제로 연습해 볼 수 있도록 한다.

각 단원의 주제와 관련된 유의미한 쓰기 텍스트를 제시한다. 기능에 맞는 표현을 함께 제시하여 실제로 연습해 볼 수 있도록 한다.

부록

정답, 듣기 대본, 어휘 색인을 제공하여 학습한 내용을 확인할 수 있게 한다.

목차

교재 구성표

	단원		문법	어휘와 표현	활동	
07 미래	7-1	로봇 기술이 발전하더라도 인간의 일자리는 남아 있을 거예요	• A/V-더라도 • V-(으)ㄹ래야 V-(으)ㄹ 수가 없다	• 인간과 로봇 • N에/에게 의존하다	**듣고 말하기** 로봇의 발달	
	7-2	가상 세계에 대한 사람들의 기대가 정말 실현될까 싶어요	• N마저 • A/V-(으)ㄹ까 싶다	• 가상 세계 • V-는 수가 있다	**읽고 말하기** 현실을 초월한 세계, 메타버스	
	7-3	한 단계 오르기	**생각해 봅시다** • 7단원 자기 점검	**어휘 늘리기** • 새로운 기술 • 사자성어 3	**실전 말하기** 토론하기	**실전 쓰기** 장점과 단점
08 한글	8-1	세종대왕이 없었더라면 한글은 만들어질 수 없었겠네요	• A/V-았/었더라면 • V-(으)ㄴ 끝에	• 한글의 역사 • N을/를 통해	**듣고 말하기** 세종대왕과 한글	
	8-2	한글은 단순하면서도 아름다워요	• A/V-(으)면서도 • A/V-아/어서 그런지	• 한글의 아름다움 • N은/는 N에/에게 영향을 미치다(주다, 끼치다)	**읽고 말하기** 한글의 디자인적 특성	
	8-3	한 단계 오르기	**생각해 봅시다** • 8단원 자기 점검	**어휘 늘리기** • 언어와 문자 • 의성어·의태어 2	**실전 말하기** 추천하기	**실전 쓰기** 배경 설명하기
09 생활과 경제	9-1	어려운 이웃에게 조금이나마 도움이 됐으면 해서 그 제품을 구매했어요	• N(이)나마 • A/V-(으)ㄹ 뿐이다	• 소비 문화 • N을/를 비롯해(서)	**듣고 말하기** 착한 소비	
	9-2	백화점에서 깜짝 세일을 하길래 샀어요	• V-ㄴ/는다는 게 • A/V-길래	• 상품과 경제 • N에/에게 달려 있다	**읽고 말하기** 경제 불황과 햄버거 효과	
	9-3	한 단계 오르기	**생각해 봅시다** • 9단원 자기 점검	**어휘 늘리기** • 경제 용어 • 관용어 3	**실전 말하기** 평가하기	**실전 쓰기** 개념 설명하기

단원		문법	어휘와 표현	활동	
10 대중문화	**10-1** 남자 주인공이 결국 세상을 떠나고 말았어요	• N치고 • V-고 말다	• 영화와 드라마 • (N이/가) N을/를 맡다	**듣고 말하기** 한국 드라마	
	10-2 예매 경쟁이 치열했다던데 어떻게 콘서트 표를 구했어요?	• A-다던데 V-ㄴ/는다던데 • A/V-네 A/V-네 해도	• 공연 • N에 (푹) 빠지다	**읽고 말하기** 내 인생의 첫 K-Pop 콘서트	
	10-3 한 단계 오르기	**생각해 봅시다** • 10단원 자기 점검	**어휘 늘리기** • 영화와 드라마 • 속담 3	**실전 말하기** 대사 말하기	**실전 쓰기** 감상문
11 동물	**11-1** 강아지를 맡길 데가 없어서 그러는데 며칠만 맡아 줄 수 있어요?	• A/V-아/어서 그러는데 • V-느니 (차라리)	• 반려동물 • N(에) 못지않게	**듣고 말하기** 반려인과 반려동물	
	11-2 사람들의 인식이 바뀌지 않는 한 유기 동물 문제는 해결되지 않을 거예요	• V-는 한 • V-(으)ㄹ 겸 (하다)	• 동물 복지 • (N은/는) N을/를 반영하다	**읽고 말하기** 유기 동물 보호 센터	
	11-3 한 단계 오르기	**생각해 봅시다** • 11단원 자기 점검	**어휘 늘리기** • 동물 • 의성어·의태어 2	**실전 말하기** 묘사하기	**실전 쓰기** 수필
12 한국문화	**12-1** 착하게 살면 복을 받기 마련이다	• A/V-아/어서는 • A/V-기 마련이다	• 옛날이야기 • V-자	**듣고 말하기** 흥부와 놀부	

	12-2 윷놀이를 해 보기는커녕 이름도 들어 본 적이 없어요	• N은/는커녕
		  A/V-기는커녕
		• A-(으)ㄴ 반면(에)
		  V-는 반면(에)
			• 놀이 문화
			• V-느라 시간 가는 줄 모르다
				읽고 말하기
				윷놀이	

	12-3 한 단계 오르기	**생각해 봅시다** • 12단원 자기 점검	**어휘 늘리기** • 한국의 놀이 • 의성어·의태어 3	**실전 말하기** 규칙 설명하기	**실전 쓰기** 줄거리 요약

등장인물

카린

일본인, 간호사

첸

중국인, 유학생

파티마

이집트인, 회사원

엠마

미국인, 요리사

올가

러시아인, 주부 / 디자이너

레나

호주인, 유학생

마크

프랑스인, 모델

빈

베트남인, 크리에이터

김민아

한국인, 대학생

박서준

한국인, 대학생

이지은 선생님

한국인, 선생님

파비우

브라질인, 유학생

CHAPTER

07

미래

7-1 로봇 기술이 발전하더라도 인간의 일자리는 남아 있을 거예요

- 인간 생활에 도움을 주는 로봇에는 어떤 것들이 있습니까?
- 앞으로 어떤 종류의 로봇이 필요할 거라고 생각합니까?

문법 1

A/V-더라도

로봇 기술이 더 발전하면 인간의
일자리가 없어지지 않을까요?

로봇 기술이 발전하더라도 인간의
일자리는 남아 있을 거예요.

앞 내용이 맞다고 가정해도 그것이 뒤에 오는 내용에 영향을 주지 않음을 말할 때 사용한다.

로봇 기술이 **발전하더라도**	인간의 일자리는 남아 있을 거예요.
↓	↓
가정, 현재 상황 인정	앞 내용에 영향을 받지 않음.

- 유학 생활이 **힘들더라도** 포기하면 안 돼요.
- 아무리 월급이 **적더라도** 하고 싶은 일을 할래요.
- 병이 다 **낫더라도** 힘든 일은 안 하는 게 좋을 듯해요.
- 요리를 잘하는 **사람이더라도** 실수할 수 있어요.

연습

● 문장을 만들어 보세요.

(1) 시험 볼 때 문제가 어렵다 / 끝까지 풀다

→ _____

(2) 졸리다 / 수업 시간에 엎드려서 자다

→ _____

(3) 아무리 마음이 급하다 / 공연 입장 순서를 지키다

→ _____

1 보기 와 같이 이야기해 보세요.

보기   날씨가 덥다, 운동을 쉬다   건강에 도움이 되다, 운동하다

날씨가 더울 때는 운동을 쉬고 싶어져요.

날씨가 덥더라도 건강에 도움이 되니까 운동을 하는 게 좋을 것 같아요.

(1) 배가 불러서 귀찮다,
     설거지를 하지 않고 바로 눕다   몸을 움직이면 소화에 도움이 되다,
                                              바로 설거지를 하다

(2) 부모님의 잔소리가 심하다, 독립하다   준비 없이 독립하면 힘들다, 지금은 같이 살다

(3) 한국어에 자신이 없다, 말을 안 하다   (   ), 말하기 연습을 하다

(4) 치료받기가 무섭다, 치과에 안 가다   (   ), 치과에 가다

2 어떤 어려움이 있어도 꼭 하고 싶은 일이 있습니까? 보기 와 같이 대화를 완성해 보세요.

보기

혼자서 말도 안 통하는 먼 나라로 유학을 가는 건 정말 힘든 일인 것 같아.

그건 그렇지만 나는 힘들더라도 꼭 한국에서 유학해 보고 싶더라고.

어려운 상황	꼭 하고 싶은 일
인디 밴드는 유명해지기 힘들다	내가 진짜 좋아하는 음악을 하다
직장에 다니면서 매일 영어 공부를 하는 것은 어렵다	영어를 배워서 세계 여행을 하다
국제결혼을 반대하는 부모님을 설득하는 것이 힘들다	포기하지 않고 부모님께 허락을 받다
해 먹기 귀찮아서 외식을 자주 했더니 식비가 많이 들다	밖에서 맛있는 음식을 먹고 싶다
?	?

문법 2

V-(으)ㄹ래야 V-(으)ㄹ 수가 없다

단어 시험 준비는 잘했어요?

아니요, 단어가 너무 많아서
외울래야 외울 수가 없었어요.

> 어떤 행위를 하려고 해도 그것을 하는 것이 불가능함을 강조할 때 사용한다.

단어가 너무 많아서   **외울래야 외울 수가 없었어요.**

↓

하려고 한 행위가 불가능함.

- 물가가 비싸서 돈을 **아낄래야 아낄 수가 없다.**
- 친구가 계속 거짓말을 해서 화를 **참을래야 참을 수가 없었어요.**
- 이 영화는 안 **울래야 안 울 수가 없는** 슬픈 영화예요.
- **움직일래야 움직일 수 없을** 정도로 팔이 심하게 아프다.

연습

● 문장을 만들어 보세요.

(1) 스트레스를 받다 / 잠을 자다

→ _____

(2) 시장이 시끄럽다 / 말소리를 듣다

→ _____

(3) 시험이 너무 많다 / 주말에 놀다

→ _____

활동

1 보기 와 같이 이야기해 보세요.

보기

음식을 남기다 | 배가 부르다, 다 먹다

왜 음식을 남겼어요? | 배가 불러서 다 먹을래야 먹을 수가 없었어요.

(1) 놀이기구를 타지 않다   사람이 많다, 타다

(2) 가까운 거리인데 택시로 오다   다리가 아프다, 걷다

(3) 과일을 안 사다   (　　　　　　), 사다

(4) 책을 다 안 읽다   (　　　　　　), 끝까지 읽다

2 해외여행을 할 때 하려고 생각했지만 할 수 없었던 일이 있습니까? 여러분의 경험을 이야기해 보세요.

하려던 일	못 한 이유
음식을 주문하다	말이 안 통하다
혼자 길을 찾다	
안내문을 읽다	그 나라 언어를 모르다
공연을 보다	시간이 안 되다

식당에서 내가 먹고 싶은 음식을 주문하고 싶었는데 말이 안 통해서 그 음식을 주문할래야 주문할 수가 없었어요.

_____ -고 싶었는데
_____ -아/어서
_____.

대화

● 대화를 듣고 따라 읽어 보세요.

Track 01

엠마 파티마 씨, 아까부터 계속 뭘 보고 있어요?

파티마 로봇 청소기를 사고 싶은데 종류도 많고 어떤 것이 좋은지 몰라서 고를래야 고를 수가 없네요.

엠마 로봇 청소기요? 저도 전에 인터넷에서 본 적이 있는데 정말 쓸 만할까요?

파티마 제가 시간이 없어서 청소를 못 하더라도 대신 청소를 해 주니까 편할 것 같아서요.

엠마 파티마 씨는 회사를 다니면서 공부도 하니까, 청소 같은 집안일을 할 시간이 부족하겠군요. 그럼 고르기가 좀 어렵더라도 하나 마련하는 게 좋겠네요.

파티마 네, 그래서 열심히 알아보고 있어요. 인터넷 후기를 보니까 로봇 청소기가 있으면 집안일 하는 시간이 많이 줄어서 좋다고 하더라고요.

어휘와 표현

1 다음 단어에 대해 알아보고 빈칸에 알맞은 말을 쓰세요.

제한적	효율적	육체적	자동화	대중화

(1) 사람 몸과 관련된 것 ( )

(2) 정해 놓은 기준을 못 넘게 하는 것 ( )

(3) 노력한 것에 비해 얻는 결과가 큰 것 ( )

(4) 많은 사람들에게 보급해서 익숙해지게 함. ( )

(5) 기계 등이 사람의 도움 없이 스스로 움직이게 됨. ( )

2 다음 단어와 의미가 맞는 것을 연결하세요.

(1) 판단하다 •   • ㉮ 복잡하지 않다

(2) 등장하다 •   • ㉯ 물건을 만들어 내다

(3) 생산하다 •   • ㉰ 어떤 것에서 자유로워지다

(4) 벗어나다 •   • ㉱ 기준에 따라 무엇에 대한 생각을 정하다

(5) 단순하다 •   • ㉲ 어떤 분야에서 새로운 것이 세상에 처음으로 나오다

N에/에게 의존하다

다른 것이나 다른 사람에게 지나치게 기대거나 의지함을 나타낸다.

- 기술이 발달하면서 공장의 제품 생산은 기계**에 의존하게** 됐다.
- 앞으로는 사람들이 무엇을 결정할 때 로봇의 판단**에 의존하게** 될지도 모른다.
- 학교를 졸업한 후에도 부모**에게 의존해서** 지내는 사람들이 증가하고 있다.

◉ 일상생활에서 로봇의 도움을 받은 적이 있나요?

Track 02

1 다음을 듣고 대답해 보세요.

(1) 일상에서 접할 수 있는 로봇에는 어떤 것이 있습니까?

(2) 처음에 로봇은 어디에서 어떤 일을 했습니까?

(3) 현대에는 어떤 로봇이 등장했습니까?

AI(Artificial Intelligence) | 한계

듣고 말하기 2

1 다음 발표 내용을 잘 듣고 질문에 답하세요.

Track 03

(1) 로봇 발달에 대해 사람들은 어떤 걱정을 합니까?

-
- 인간보다 뛰어난 능력을 가진 로봇이 인간을 위험에 빠트릴 수 있다.

(2) 파티마는 왜 로봇이 인간보다 효율적이라고 했습니까?

(3) 집안일을 할 때 AI 로봇의 도움을 받으면 좋은 점은 무엇입니까?

- 단순한 집안일에서 벗어날 수 있다.
-

2 여러분의 생각을 이야기해 보세요.

(1) 인간을 대신해 일하는 로봇이 증가하는 것에 대해 어떻게 생각합니까?

(2) 청소 로봇을 이용하고 싶은 생각이 있습니까? 그 이유는 무엇입니까?

(3) 로봇의 발달로 여가 시간이 늘어난다면 무엇을 하고 싶습니까?

(4) 로봇이 인간을 대신할 수 없는 일은 무엇이라고 생각합니까?

● 로봇 발달을 긍정적으로 생각하는 학생들의 발표 내용을 정리하고 아래의 신문 기사 제목을 참고하여 여러분의 의견을 이야기해 보세요.

저는 로봇의 발달이 우리 사회에 긍정적인 영향을 준다고 생각합니다. 첫째, 로봇은 인간보다 _____ 일합니다. 따라서 적은 노력으로 더 많은 결과를 얻을 수 있습니다. 둘째, 로봇 덕분에 인간이 일해야 하는 _____ 줄었습니다. 셋째, 로봇은 인간의 생활을 _____ 해 줍니다. 청소 로봇이 인간 대신 청소를 하면서 사람들은 집안일에서 벗어날 수 있게 됐습니다. 그러므로 저는 로봇이 우리의 미래 생활에 긍정적인 영향을 줄 것이라고 생각합니다.

NEWS	NEWS
24시간 일하는 로봇, 효율성 높아	로봇에 지나치게 의존해 문제
1인 가구를 위한 반려 로봇 사업 시작	로봇의 실수, 누구의 잘못인가?
위험한 일은 로봇이 대신한다	공장 자동화로 일자리 5백만 개 사라진다

저는 로봇의 발달이 우리 사회에 _____

_____

_____

_____

그러므로 저는 로봇이 _____

노동 | 위험에 빠트리다 | 예측하다

- VR 게임을 해 본 적이 있습니까? 일반 게임과 어떤 점이 다릅니까?
- 현재 생활하고 있는 현실 세계가 인터넷에도 똑같이 있다면 어떨 것 같습니까?

문법 1

N마저

해외 취업을 준비할 때 어려운 점이 있었나요?

네, 부모님은 물론이고 믿었던 언니마저 해외 취업을 반대해서 힘들었어요.

이미 알고 있는 것은 물론이고 현재의 상태에서 마지막으로 남은 것도 기대할 수 없는 상황일 때 사용한다.

부모님은 물론이고　　　　믿었던 **언니마저**　　　　해외 취업을 반대했다.

↓

마지막으로 남은 것

- 가장 친한 **친구마저** 저를 안 믿어 줘서 답답해요.
- 게임에 빠져서 돈은 물론 **건강마저** 잃는 사람들이 많다.
- 사업에 실패하는 바람에 힘들게 마련한 **집마저** 팔아야 했다.
- 바빠서 동창들을 자주 못 만난 탓에 이제는 **연락마저** 끊겼다.

연습

● 문장을 만들어 보세요.

(1) 극장의 가장 앞자리 표 / 매진되다

→ _____

(2) 자신 있던 읽기 시험 / 망치다

→ _____

(3) 마지막 남은 과자 / 동생이 다 먹어 버리다

→ _____

1 보기 와 같이 이야기해 보세요.

보기 어제는 지하철이 일찍 끊기다   버스도 끊기다, 집까지 걸어가다

어제는 지하철이 일찍 끊겼다면서요?

네, 그런데 버스마저 끊겨서 집까지 걸어갔어요.

(1) 태풍으로 전기가 안 들어오다   물도 안 나오다, 샤워도 못하다

(2) 요즘 대구 날씨가 덥다   바람도 안 불다, 여름에 너무 힘들다

(3) 지난번 야구 경기에서 우리 팀이 지다   오늘 경기도 지다, (   )

(4) 어제 빈 씨가 모임에 늦게 오다   마크도 늦다, (   )

2 마지막 남은 기대나 방법이 사라진 적이 있습니까? 다음과 같이 문장을 완성해 보세요.

| 현금 | 카드 | 없다 | 계산을 못하다 |

지갑에 현금은 물론 카드마저 없어서 계산을 못했어요.

| 비행기 표 | | 매진되다 | 여행을 못 가다 |

| 에어컨 | | 고장나다 | |

| 아버지 | | 용돈을 안 주다 | |

| 반 친구들 | | 고향에 돌아가다 | |

28

문법 2

A/V-(으)ㄹ까 싶다

파비우 씨가 시험을 잘 볼까요?

매일 축구만 하는데 시험을 잘 볼까 싶어요.

! 앞의 상황을 고려해 봤을 때 뒤의 내용이 정말 그러할 것인지 믿기 어려울 때 사용한다.

매일 축구만 하는데	시험을 **잘 볼까** 싶어요.
↓	↓
참고가 되는 상황	의심스러운 내용

- 밤 12시가 넘었는데 친구가 내 전화를 **받을까 싶다.**
- 내일은 일요일인데 약국이 문을 **열까 싶어요.**
- 두 사람이 삼겹살 8인분을 **다 먹었을까 싶네요.**
- 약속을 잘 안 지키는 사람이 좋은 **친구일까 싶다.**

A/V-지 않을까 싶다
자신의 생각을 약하게 드러내거나 추측할 때 사용한다.

시험 때는 축구하는 시간을 줄이는 게 **좋지 않을까** 싶네요.

자신의 생각: 축구하는 시간을 줄이는 게 좋다

- 외국에서 혼자 사는 것은 **외롭지 않을까 싶어요.**
- 퇴근 시간에는 길이 막히니까 택시보다 지하철을 **타야 하지 않을까 싶어요.**

연습

◉ 문장을 만들어 보세요.

(1) 쇼핑을 자주 하는 사람 / 돈을 모으다

→ _____

(2) 거짓말쟁이의 말 / 사람들이 믿다

→ _____

(3) 그 영화는 유명한 아이돌이 나오다 / 인기를 끌다

→ _____

활동

1 [보기]와 같이 이야기해 보세요.

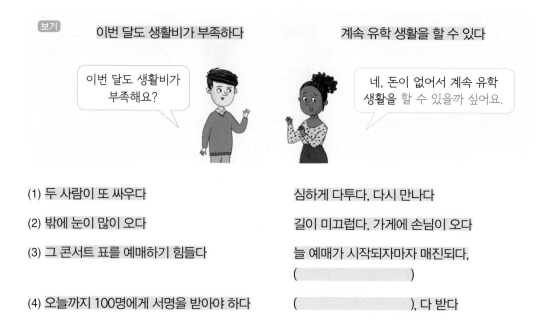

[보기]

이번 달도 생활비가 부족하다   계속 유학 생활을 할 수 있다

이번 달도 생활비가 부족해요?

네, 돈이 없어서 계속 유학 생활을 할 수 있을까 싶어요.

(1) 두 사람이 또 싸우다   심하게 다투다, 다시 만나다

(2) 밖에 눈이 많이 오다   길이 미끄럽다, 가게에 손님이 오다

(3) 그 콘서트 표를 예매하기 힘들다   늘 예매가 시작되자마자 매진되다, (   )

(4) 오늘까지 100명에게 서명을 받아야 하다   (   ), 다 받다

2 친구의 이야기를 듣고 어떤 생각이 들었는지 자신의 의견을 말해 보세요.

아침부터 계속 하늘이 흐려요.

비가 올지도 모르니까 우산을 챙기는 게 좋지 않을까 싶네요.

아침부터 계속 하늘이 흐리다	적게 먹고 운동하는 게 효과적이다
한국어로 대화할 기회가 있었으면 하다	우산을 챙기는 게 좋다
밥을 굶어서라도 살을 빼고 싶다	동아리에 가입하면 도움이 되다
시험 기간이어서 도서관에 가려고 하다	직접 만든 케이크를 주면 ( )
친구에게 특별한 선물을 줄까 하다	공부하는 학생이 많아서 ( )

대화

● 대화를 듣고 따라 읽어 보세요.

Track 04

체엔   엠마 씨, 시험 잘 봤어요? 저는 지난번 말하기 시험도 잘 못 봤는데 자신
       있던 듣기 시험마저 망친 것 같아요. 이번 학기에 수료할 수 있을까 싶어요.

엠마   저도 많이 어렵더라고요. 이번 듣기 시험은 다른 친구들한테도 어렵지
       않았을까 싶은데요. 아직 점수가 나온 건 아니니까 너무 실망하지 마세요.

체엔   네, 고마워요. 저는 집에서 VR 게임을 하면서 스트레스를 풀려고 하는데
       같이 할래요?

엠마   VR 게임이 뭐예요?

체엔   VR 기기를 안경처럼 쓰고 게임을 하는 거예요. 그러면 눈앞에 보이는
       장면들이 진짜처럼 느껴져서 일반 컴퓨터 게임보다 훨씬 재미있어요.

엠마   그렇군요. 어떤 느낌일지 궁금하네요. 저도 한번 해 보고 싶어요.

VR(Virtual Reality) | 기기

어휘와 표현

1 다음 단어에 대해 알아보고 빈칸에 알맞은 말을 쓰세요.

> 상상력   시공간   가상 세계   아바타   비대면

실제로 존재하지 않는 만들어진 세계	온라인에서 현실의 나를 대신해 활동하는 캐릭터	보거나 경험하지 않은 것을 머릿속으로 생각해 내는 능력
(1) ( )	(2) ( )	(3) ( )

시간과 공간	서로 얼굴을 직접 마주보지 않는 것
(4) ( )	(5) ( )

2 다음 단어와 의미가 맞는 것을 연결하세요.

(1) 무한하다 •   • ㉮ 어떤 것이 널리 퍼지다

(2) 발휘하다 •   • ㉯ 보통의 기준을 뛰어넘다

(3) 초월하다 •   • ㉰ 꿈이나 계획 등이 실제로 이루어지다

(4) 확산되다 •   • ㉱ 수, 크기, 정도 등에 정해진 끝이 없다

(5) 실현되다 •   • ㉲ 재능이나 능력 등을 드러내어 보여 주다

오늘의 표현

V-는 수가 있다

부정적인 일이 일어날 가능성이 있음을 나타낸다.

- 비대면 방식으로만 소통하다 보면 오해가 **생기는 수가 있다.**
- 가상 세계에서만 활동하다가는 현실에 적응을 **못하게 되는 수가 있다.**
- 남들 앞에서 너무 긴장하면 능력을 제대로 **발휘하지 못하는 수가 있다.**

읽고 말하기 1

● 일상에서 VR과 AR 기술을 접해 본 적이 있나요?

요즘 초등학생들은 골프나 테니스 같은 운동도 교실에서 VR로 배운대.

가상 세계에서 실제와 같은 체험이 가능하게 하는 VR이 교육 활동에도 쓰이는구나.

VR이나 AR은 게임할 때만 쓰는 줄 알았는데 생각보다 다양하게 활용되는 것 같아.

응, AR은 현실 세계에 새로운 가상의 정보를 추가해서 보여 주잖아. 사진 찍을 때 실제로는 없는 모자나 선글라스를 진짜 쓴 것처럼 보이게 해 주고. 정말 신기하지 않아?

맞아. 그런데 앞으로 이런 기술들이 계속 발전할 텐데 부작용은 없을까 싶네.

내 생각에는_____
_____
_____

① 윗글을 읽고 질문에 대답해 보세요.

(1) VR과 AR은 어떤 차이가 있습니까?

(2) 일상생활에서 VR 기술은 어떻게 사용됩니까?

(3) 여러분이 엠마라면 첸의 말에 어떻게 대답하겠습니까?

AR(Artificial Reality) | 부작용

읽고 말하기 2

● 다음은 메타버스에 대해 설명한 글입니다.

현실을 초월한 세계, 메타버스

기술이 발달하고 비대면 서비스가 확산되면서 메타버스가 사람들의 관심을 끌게 되었다. 메타버스는 온라인에서 아바타를 이용해 사회, 경제, 문화적인 활동을 하는 것으로 현실 세계와 가상 세계의 경계마저 사라진 세상을 말한다.

메타버스 안에서 아바타는 시공간이나 국적을 초월해 다양한 활동을 한다. 이제 사람들은 직접 그 장소에 가지 않아도 아바타로 회의를 할 수 있다. 뿐만 아니라 쇼핑을 하거나 전시회를 구경하고 언제든지 가고 싶은 곳으로 여행을 떠날 수도 있다. 이용자들은 메타버스가 현실 세계와 비슷하면서도 다른 느낌을 줘서 흥미롭다고 말한다.

메타버스의 무한한 성장 가능성을 보고 이에 투자하는 개인과 기업도 있다. 누구든 원하면 아바타의 옷이나 액세서리 등을 만들어 판매할 수 있으며 가상 공간의 땅을 살 수도 있다. 그곳에 건물을 짓고 광고를 하면 경제적 이익도 얻을 수 있다. 메타버스 안에서 사람들은 상상력을 발휘해 새로운 세상을 만들어 가고 있는 것이다.

그러나 현실 세계를 대신할 만큼 매력적인 가상 세계가 실현되지 않는다면 메타버스는 사람들의 관심 밖으로 밀려나는 수가 있을 것이다. 또한 정보 보안 문제라든지 제한적인 이용자 연령 등도 숙제로 남아 있다. 메타버스 안에서의 활동이 활발해지면 예상하지 못한 사회 문제가 발생할 수 있는데 그에 대한 대비책이 충분하지 않다는 비판도 있다.

새로운 기술은 우리가 과거에 상상하지 못한 세계를 열어 주기도 하지만 또 다른 부작용을 낳기도 한다. 사람들에게 꾸준히 사랑받는 기술이 되려면 새로움을 넘어 안전하면서도 생활에 편리함을 줄 수 있어야 할 것이다.

1 질문에 답하세요.

(1) 메타버스란 무엇입니까?

(2) 사람들이 메타버스에 관심을 갖게 된 이유는 무엇입니까?

(3) 메타버스에서 아바타는 어떤 활동을 할 수 있습니까?

2 여러분의 생각을 이야기해 보세요.

(1) 메타버스에서 여행하는 것과 현실 세계에서 여행하는 것의 장점과 단점은 무엇이라고 생각합니까?

(2) 가상 공간에 땅을 산다면 그곳을 어떻게 사용하고 싶습니까?

(3) 미래 사회에서 메타버스가 사용되는 분야가 많아질 것이라고 생각합니까? 그 이유는 무엇입니까?

● 메타버스에 새로운 공간을 만든다면 어떤 공간을 만들고 싶습니까? 소개해 보세요.

> 저는 시간이 나면 친구들과 삼삼오오 모여서 춤 연습을 할 정도로 춤추는 것을 좋아해요. 그래서 메타버스에 댄스 교실을 열고 싶어요. 전 세계의 다양한 사람들을 만나서 서로 자신이 좋아하는 춤을 가르쳐 주고 함께 추면 정말 즐거울 것 같아요.

저는

경계 | 이용자 | 흥미롭다 | 성장 | 밀려나다 | 대비책 | 비판 | 삼삼오오

생각해 봅시다

◉ 다음 어휘와 문법 중 잘 이해하고 있는 것에 표시(✔)하세요.

☐ 효율적	☐ 제한적	☐ 대중화
☐ 상상력	☐ 비대면	☐ 가상 세계
☐ 등장하다	☐ 벗어나다	☐ 단순하다
☐ 발휘하다	☐ 초월하다	☐ 확산되다

☐ 아무리 **바쁘더라도** 일주일에 한 번은 가족들에게 연락하세요.

☐ 이 친구는 단점을 **찾을래야 찾을 수가 없는** 좋은 친구예요.

☐ 늘 주변 **사람에게 의존하면** 혼자 할 수 있는 일이 없어진다.

☐ 믿었던 **너마저** 내가 거짓말을 한다고 생각하다니, 정말 슬프다.

☐ 짐이 이렇게 많은데 하루 만에 다 **정리할 수 있을까 싶네요.**

☐ 인간이 로봇에만 의존하다가는 단순한 일도 해결 **못하게 되는 수가 있다.**

◉ 아래의 문장을 보고 보기 와 같이 이야기해 보세요.

> 메타버스 안에서는 무한한 상상력을 생산할 수 있다.

보기

이 문장에서 '생산하다'가 맞게 쓰인 걸까요?

'제품을 생산하다'처럼 어떤 물건을 만든다는 의미일 때는 '생산하다'를 쓰지만 지금처럼 어떤 능력을 드러낸다고 말해야 할 때는 '발휘하다'라고 하는 게 맞는 것 같아요.

1 다음 중 단어가 어색하게 쓰인 문장이 없는지 친구와 이야기해 보세요.

(1) 국적을 벗어난 두 사람의 사랑이 대단하게 느껴진다.

(2) 비타민이 많은 과일을 먹는 것은 감기 예방에 효율적이다.

(3) 머릿속이 복잡할 때는 단순한 일을 해서 떠오르는 생각을 없애야 한다.

(4) 복잡한 도시를 초월해 바다에 오니 그동안 쌓였던 스트레스가 다 풀리는 것 같다.

(5) 경제적인 성공보다 개인의 행복을 중요하게 생각하는 사회 분위기가 확산되고 있다.

2 다음 중 문법이나 표현이 어색하게 쓰인 문장이 없는지 친구와 이야기해 보세요.

(1) 하늘이 이렇게 흐린데 과연 비가 올까 싶어요.

(2) 나는 어제 힘들더라도 방 청소를 모두 끝냈다.

(3) 어렸을 때는 곤란한 일이 생기면 언니에 의존하곤 했어요.

(4) 바닥이 미끄러워서 제대로 걸을래야 걸을 수가 없을 정도예요.

(5) 미래에는 메타버스에 투자하는 사람들이 많아지지 않을까 싶어요.

(6) 쌀쌀한 날씨에 반팔을 입고 나가면 감기에 걸려서 아프는 수가 있다.

(7) 하나 남은 친구마저 취업을 해서 친구들 중에 취업을 못 한 사람은 저뿐이에요.

3 다음은 첸과 빈의 대화입니다. 그림을 보고 대화를 완성해 보세요.

빈 씨,
듣고 있어요?

첸　모레 수업 끝나고 카린 씨 생일 파티하기로 했잖아요. 빈 씨, 듣고 있어요?

빈　아, 미안해요. 메타버스 미팅룸에서 _____

첸　_____

빈　_____

　_____

　_____

어휘 늘리기

● 다음 단어에 대해 알아보고 친구와 함께 질문에 대답해 보세요.

인공 지능   딥러닝 (deep learning)   무인 매장

키오스크 (kiosk)   자율 주행

• 인공 지능은 일상생활에서 어떻게 사용되고 있습니까?

• 무인 매장을 이용해 본 적이 있습니까? 무인 매장의 장단점은 무엇이라고 생각합니까?

• 앞으로 자율 주행차가 대중화될 것 같습니까? 만약 자율 주행차가 대중화되면 어떤 변화가 생길 것
같습니까?

1 다음 사자성어에 대해 알아보세요.

100 / 100

삼삼오오   백발백중

사방팔방   천만다행

십중팔구   천차만별

(1) (   ): 여기저기 모든 방향

(2) (   ): 운 좋게 나쁜 상황을 피함.

(3) (   ): 여러 가지 사물이 각각 차이가 있음.

(4) (   ): 서너 사람 또는 대여섯 사람이 함께 다님.

(5) (   ): 미리 했던 생각이나 말 등이 정확히 잘 맞음.

(6) (   ): 열 가운데 여덟이나 아홉이 될 정도로 거의 대부분

2 빈칸에 알맞은 말을 써 보세요.

(1) 가 자율 주행으로 운전하던 차가 사고를 냈다면서요? 사람도 다쳤나요?

    나 차가 갑자기 멈추는 바람에 사고가 났는데 (   )(으)로 다친 사람은 없대요.

(2) 가 이 로봇 청소기가 마음에 들긴 하지만 너무 비싸네요. 조금 더 생각해 보고 올게요.

    나 가격이 좀 있기는 해도 절대로 후회는 안 하실 거예요. 가격 때문에 망설이던 분들도
       (   ) 다시 오셔서 구입하신다니까요.

(3) 가 학생들이 교실에 (   ) 모여서 뭐 하고 있는 거예요?

    나 아, VR로 체육 수업을 받고 있는 거예요. 오늘은 농구를 하나 보네요.

(4) 가 카린 씨는 한국 여행을 많이 다녔나 봐요. 모르는 여행지가 없네요.

    나 실제로 가 본 곳도 있지만 사실은 메타버스에서 (   ) 돌아다니며 구경한 곳들이 더
       많아요.

(5) 가 사장님, 다음 달에 저희 가게에도 키오스크가 설치되나요?

    나 키오스크마다 가격 차이도 크고 디자인과 기능도 (   )(이)라서 아직 못 골랐어요.
       결정하려면 시간이 더 걸릴 것 같아요.

(6) 가 사람이 AI 로봇과 테니스 경기를 하면 이길 수 있을까?

    나 글쎄, AI 로봇은 지치지도 않고 날아오는 공을 (   ) 다 쳐 내서 이기기 어려울 것 같은데?

 • 큰일이 날 줄 알았는데 천만다행으로 일이 잘 해결된 적이 있습니까?
       • 무엇을 찾거나 어떤 문제를 해결하기 위해 사방팔방으로 돌아다녔던 적이 있습니까?

실전 말하기

토론하기

● 다음은 과학 기술 발전과 인간의 행복에 대한 학생들의 토론입니다.

사회자 오늘의 토론 주제는 '인공 지능의 발전이 인간을 행복하게 할 수 있을까?'입니다. 먼저 찬성 쪽 의견부터 듣겠습니다.

저는 인공 지능의 발전이 인간을 행복하게 할 수 있다고 생각합니다. 왜냐하면 인공 지능은 개인이 가진 능력의 한계를 뛰어넘게 해 주기 때문입니다. 예를 들어 인간이 일주일 동안 해야 할 일을 인공 지능은 단 10분 만에 할 수 있습니다. 이렇게 되면 사람들은 불필요한 일을 하는 데 드는 시간을 줄여서 더욱 생산적이거나 창의적인 일을 할 수 있게 될 것입니다.

파티마 씨 말씀 잘 들었습니다. 그 말씀도 일리가 있기는 하지만 인공 지능 때문에 많은 일자리가 줄어들게 된다는 점도 생각해 봐야 할 것입니다. 경제학자들의 예측에 따르면 인공 지능의 발전으로 전 세계에서 500만 개의 일자리가 감소할 것이라고 합니다. 실제로 반복적인 성격을 가진 일자리는 점차 줄어들고 있습니다. 그래서 저는 인공 지능 기술이 발전하는 것에 대해 반대합니다.

● 아래의 토론 방법을 참고하여 토론을 준비해 보세요.

| 하나 찬성과 반대 입장 나누기 | 둘 찬성 또는 반대하는 이유 밝히기 |

※ 주의
   이유를 밝힐 때는 구체적인 예를 들거나 '기사, 책, 전문가 의견, 설문 조사 결과 등' 믿을 수 있는 자료의 내용을 참고한다.

● 다음 표현을 사용해서 아래의 주제로 친구들과 토론해 보세요.

주제: 인공 지능의 발전이 인간을 행복하게 할 수 있을까?

찬성	반대
1. 인류의 삶의 질을 크게 개선한다. 2. 비전문가도 전문가의 일을 할 수 있게 된다. 3. AI 로봇이 1인 가구의 문제 해결에 도움이 된다.	1. 사람의 일자리가 크게 줄어든다. 2. 여러 윤리적인 문제를 일으킬 수 있다. 3. 인간이 통제할 수 없는 상황이 생길 수 있다.

구분	표현
토론 주제 말하기	• 오늘의 토론 주제는 입니다. • 먼저 찬성 쪽 의견부터 듣겠습니다.
찬성 의견 말하기	• 저는 _____ –(ㄴ/는)다고 생각합니다. _____ –는 것에 대해 찬성합니다. • 왜냐하면 _____ –기 때문입니다. • 예를 들어 _____ –(으)ㄹ 수 있습니다.
반대 의견 말하기	• 씨 말씀 잘 들었습니다. • 그 말씀도 일리가 있기는 하지만 _____ –(ㄴ/는)다는 점도 생각해 봐야 할 것입니다. • 에 따르면 _____ –(ㄴ/는)다고 합니다. • 그래서 저는 _____ –(ㄴ/는)다고 생각합니다. _____ –는 것에 대해 반대합니다.

찬성 | 뛰어넘다 | 일리 | 윤리적 | 통제하다

실전 쓰기

장점과 단점

◉ 장점과 단점을 비교하고 단점을 해결할 수 있는 방안을 쓰기

보기

비대면 문화가 확산되면서 메타버스가 사람들의 주목을 받고 있다. 메타버스의 장점은 현실의 나를 대신하는 아바타가 가상 세계에서 시공간이나 국적을 초월해 다양한 활동을 할 수 있다는 것이다. 그리고 아바타 덕분에 대면하지 않아도 되므로 사람들과의 소통이 더 편해진다는 장점도 있다. 반면에 아직 메타버스에 관련된 법이 없어서 부작용이 생길 수 있을 뿐만 아니라 예상하지 못한 범죄로 피해를 입을 수 있다는 부정적인 면도 있다. 그러므로 피해를 당하는 사람들이 생기지 않도록 관련 법을 만들어야 하며 올바른 메타버스 이용 문화 등을 교육할 필요가 있다.

◉ 문장 구성

구분	표현
현황	(최근) _____ –고 있다.
장점	_____ 의 장점(긍정적인 면)은 _____ –(ㄴ/는)다는 것이다. 그리고 _____ –(ㄴ/는)다는 장점도 있다.
단점	• 반면에 _____ –(으)ㄹ 뿐만 아니라 _____ –(ㄴ/는)다는 단점(부정적인 면)도 있다. • _____ 은/는 대신 _____ –(ㄴ/는)다는 단점이 있다.
주의할 점	그러므로 _____ –지 않도록 _____ –아/어야 하며 _____ –는 것이 좋다. _____ –(으)ㄹ 필요가 있다.

1 다음 내용을 읽고 질문에 답해 보세요.

비대면 수업	
장점	단점
• 집에서 편하게 수업을 들을 수 있다.	• 대면 수업 때보다 수업에 집중하기 어렵다.
• 학교에 가기 위해 준비하는 시간과 이동 시간이 절약된다.	• 개인 공간이 공개되어 사생활이 보호되지 못하는 수가 있다.

(1) 과거에 비해서 비대면 수업이 증가하고 있습니까?　　　　　　　　　현황

_____

_____

_____

(2) 비대면 수업의 장점과 단점은 무엇입니까?　　　　　　　　　장점과 단점

_____

_____

_____

_____

_____

_____

(3) 어떻게 하면 비대면 수업의 단점을 해결할 수 있습니까?　　　　　　　　　주의할 점

_____

_____

_____

아름다운 한글

music

CHAPTER

08

한글

- 한글을 만든 사람이 누구인지 알고 있습니까?
- 한글을 배울 때 어려운 점이 있었습니까?

문법 1

A/V-았/었더라면

한글이 만들어지지 않았으면 어땠을까?

한글이 만들어지지 않았더라면 지금도 한자를 사용하고 있었을 거야.

> 과거 사실과 반대 상황을 가정하여 현재와 다른 결과를 추측하여 말할 때 사용한다.

한글이 **만들어지지 않았더라면**	지금도 한자를 사용하고 있었을 거야.
↓	↓
사실과 반대되는 상황을 가정	현재와는 다른 결과에 대한 추측

- 날씨가 덜 **건조했더라면** 이렇게 산불 피해가 심각하지는 않았을 거예요.
- 만약 제가 그때 한국에 여행을 **오지 않았더라면** 지금의 남편을 만나지 못했을 거예요.
- 어릴 때 외국어 공부의 중요성을 **알았더라면** 학교 다닐 때 외국어 수업을 잘 들었을 텐데.
- 내가 **한국 사람이었더라면** 한국어를 배우느라 고생하지 않았을 텐데.

연습

● 문장을 만들어 보세요.

(1) 사고 소식이 빨리 알려지다 / 더 많은 사람들을 구하다

→ _____

(2) 한국에 안 오다 / 지금쯤 고향에서 회사에 다니고 있다

→ _____

(3) 내가 좀 더 적극적이다 / 유학 생활을 하면서 친구를 많이 사귀다

→ _____

활동

1 보기 와 같이 이야기해 보세요.

보기 **5시에 출발하는 기차를 못 타다**　　　**집에서 5분만 일찍 출발하다, 아쉽게 기차를 놓치다**

> 5시에 출발하는
> 기차를 못 탔어요?

> 네, 집에서 5분만 일찍 출발했더라면
> 기차를 놓치지 않았을 텐데 아쉽게
> 기차를 놓쳤어요.

(1) **발표 준비를 끝내다**　　　　　주말부터 준비를 시작하다, 아직 못 끝내다

(2) **토픽 4급을 따다**　　　　　　한 문제만 더 맞다, 아쉽게 3급을 받다

(3) **친구와 싸우다**　　　　　　　(　　　　　　　　　), 화가 나서 참지 못하다

(4) **주말에 한강에 놀러 가다**　　　날씨가 조금만 더 따뜻하다, (　　　　　　　)

2 다음의 것들이 발명되지 않았으면 어떻게 되었을까요? 다음 사진들을 보고 보기 와 같이 이야기해 보세요.

전구의 발명

전구가 발명되지 않았더라면 지금도 우리는 어둠 속에서 살고 있었을 거예요.

비행기의 발명

스마트폰의 발명

냉장고의 발명

(　　　　　)

문법 2

V-(으)ㄴ 끝에

에디슨은 그 옛날에 어떻게 전구를 만들 수 있었을까요?

수많은 실패를 했지만 포기하지 않고 도전한 끝에 전구를 발명했다고 해요.

> 오랜 기간 힘들게 해 온 일의 성과나 결과를 말할 때 사용한다.

포기하지 않고 **도전한 끝에**	**전구를 발명했다.**
↓	↓
오랜 시간 힘들게 계속한 일	이루어낸 성과, 결과

• 오랫동안 **고민한 끝에** 대학원에 진학하기로 결정했어요.
• 한 달 동안 부모님을 **설득한 끝에** 결국 결혼 승낙을 받아냈다.
• 3시간 동안 인터넷을 **검색한 끝에** 가장 싼 비행기 표를 찾았다.

N 끝에

• 이번 사업의 성공은 3년의 **노력 끝에** 이루어 낸 성과입니다.
• 새로 배운 춤에 어려운 동작이 있었지만 오랜 **연습 끝에** 그 동작을 할 수 있게 되었다.

연습

● 문장을 만들어 보세요.

(1) 10년 / 돈을 모으다 / 집을 마련하다

→ _____

(2) 오랜 기간 / 연구하다 / 마침내 신약을 개발하다

→ _____

(3) 10주간 / 다이어트 / 7kg을 빼다

→ _____

활동

1 보기 와 같이 이야기해 보세요.

보기

고양이를 키우다

버려진 새끼 고양이를 발견하다, 고민, 키우게 되다

어떻게 고양이를 키우게 됐어요?

버려진 새끼 고양이를 발견해서 고민 끝에 키우게 되었어요.

(1) **두 사람이 결혼하게 되다**　　　　대학교 때 만나다, 7년의 연애, 결혼하게 되다

(2) **조별 과제 주제를 정하다**　　　　조원들과 모이다, 논의하다, 한글의 디자인에 대해 발표하다

(3) **이렇게 좋은 집을 찾다**　　　　인터넷은 믿을 수 없다, (　　　　　　　　), 좋은 집을 찾다

(4) (　　　　　　　　)　　　　매일 반복하다, 훈련하다, 할 수 있게 되다

2 보기 와 같이 유명인이 되어 기자의 질문에 대답해 보세요.

보기

어떻게 그렇게 빠른 속도로 랩을 하실 수 있게 됐나요?

매일 반복해서 연습한 끝에 이렇게 빠르게 랩을 할 수 있게 됐습니다.

래퍼

한국에 오신 지 1년 밖에 안 됐다고 들었는데, 어떻게 이렇게 한국어를 잘하게 되셨나요?

아이돌

취미로 스노보드를 시작하셨다고 들었는데, 어떻게 올림픽에서 금메달까지 따게 되셨나요?

금메달리스트

대화

● 대화를 듣고 따라 읽어 보세요.

Track 06

민아 빈, 한글날에 우리 학교에서 외국인 유학생을 대상으로 한글 예쁘게 쓰기 대회를 연다는데 나가 볼 생각 없어?

빈 안 돼. 나 글씨 진짜 못 쓰거든. 처음 한국어를 배울 때 한글을 3일 만에 배웠는데 그때 빨리 쓰던 게 습관이 돼서 글씨체가 별로 예쁘지 않아.

민아 3일 만에 한글을 다 배웠다고? 한글이랑 알파벳이 너무 달라서 배우기 어려웠을 것 같은데.

빈 나도 한글을 배우기 전에는 걱정을 많이 했었는데 막상 배워 보니 금방 한글을 읽고 쓸 수 있게 돼서 깜짝 놀랐어.

민아 하긴, 세종대왕님이 누구나 쉽게 배울 수 있도록 오랜 고민 끝에 만든 글자라서 그럴 거야.

빈 맞아. 세종대왕님이 한글을 만들지 않으셨더라면 한국어 공부가 훨씬 어려웠을 것 같아.

글씨체 | 막상 | 하긴

어휘와 표현

1 다음 표현을 사용하여 문장을 완성해 보세요.

> 임금   백성   양반   문자

조선 시대의 (1) (   )들은 한자를 사용해 글을 썼다. 하지만 한자는 일반 (2) (   )들이 배우기에 너무 어려웠다. 조선의 네 번째 (3) (   ) 세종 대왕은 누구나 글을 읽고 쓸 줄 알아야 한다고 생각해서 새로운 (4) (   )인 한글을 만들었다.

2 다음 단어와 의미가 맞는 것을 연결하고 아래 문장을 완성하세요.

(1) 개최하다 •

(2) 기록하다 •

(3) 공개하다 •

(4) 참고하다 •

(5) 후원하다 •

• ㉮ 행사나 대회 등을 열다

• ㉯ 어떤 사실을 적어서 남기다

• ㉰ 뒤에서 경제적인 도움을 주다

• ㉱ 어떤 사실을 사람들에게 드러내서 알리다

• ㉲ 결정에 도움이 되도록 대상을 고려해서 생각하다

오늘의 표현

N을/를 통해

어떤 과정이나 방법을 사용하여 원하는 결과를 얻음을 나타낸다.

- 올림픽 개최를 **통해** 우리나라의 문화를 세계에 알릴 수 있었다.
- 백성들은 한글을 **통해** 자신이 하고 싶은 이야기를 문자로 기록할 수 있게 되었다.
- 우리 단체에서는 정기적인 후원을 **통해** 저소득층 아이들의 학비를 지원하고 있다.

듣고 말하기 1

● 무엇에 대한 이야기일까요?

Track 07

① 다음을 듣고 대답해 보세요.

(1) 무엇에 관한 안내입니까?

(2) 대회에 관한 안내 내용을 듣고 다음의 표를 완성해 보십시오.

주제	①
주최	서울시
후원	홍익 전자
참가 방법	②
상금	③

(3) 여러분이 한국어 말하기 대회에 나간다면 어떤 내용으로 발표를 준비하겠습니까?

주최하다 | 수상자 | 상당 | 지급되다

듣고 말하기 2

Track 08

1 선생님과 마크의 대화입니다. 잘 듣고 질문에 답하세요.

(1) 오늘은 무슨 날입니까?

(2) 마크가 예전부터 궁금해했던 것은 무엇입니까?

(3) 세종대왕이 직접 한글을 만들었다고 말하는 근거는 무엇입니까?

> • 한글을 어떻게 만들었는지 설명한 책에 ① (　　　　　　　　) 기록이 있다.
> • 조선 시대 왕궁의 역사를 기록한 책에 세종대왕이 ② (　　　　　　　　)에 관련된
> 책을 즐겨 읽었다든가 ③ (　　　　　　　　) 학자들과 토론을 했다든가 하는 내용이
> 남아 있다.

(4) 세종대왕은 누구를 위해서 한글을 만들었습니까?

2 여러분의 생각을 이야기해 보세요.

(1) 한국 사람들이 가장 존경하는 위인으로 세종대왕을 말하는 이유는 무엇일까요?

(2) 한글이 다른 나라의 문자와 다른 점은 무엇일까요?

● 여러분 나라말을 한글로 적는다면 어떻게 쓰는 것이 좋겠습니까? 자기 나라 단어 하나를 선택해서 한글로 적어 보고 왜 그렇게 썼는지 설명해 보세요.

보기

Apple   ➡   애쁠

'Apple'은 한국어로 '사과'라는 뜻인데 'Apple'의 A는 한국어의 '에, 애'와 비슷하게 발음이 됩니다. 그리고 P는 'ㅂ'과 비슷하게 소리가 나는데 'P'가 2개 있어서 'ㅃ'을 사용해서 '애쁠'이라고 썼습니다.

➡

〈자기 나라 단어〉   〈한글 표기〉

_____ 은/는 한국어로 _____ (이)라는 뜻인데 _____

_____

_____

_____

왕궁 │ 창제 │ 뒷받침하다 │ 권력

8-2 한글은 단순하면서도 아름다워요

아름다운 한글

- 처음 한글을 봤을 때 어떤 느낌을 받았습니까?
- 자신이 예쁘다고 생각하는 한글 글자가 있습니까?

문법 1

A/V-(으)면서도

> 한글을 처음 봤을 때 어떤 느낌이었어요?

> 한글은 단순하면서도 아름답다는 느낌을 받았어요.

1. 한 대상이 서로 반대되거나 함께 가지기 어려운 두 성질을 가지고 있음을 말할 때 사용한다.

한글은	단순하면서도		아름답다.

↓ 첫 번째 성질   ↓ 공존이 어려운 두 번째 성질

- 서울은 **전통적이면서도** 현대적인 도시이다.
- 그 식당은 음식이 **싸면서도** 맛있어서 항상 손님이 많다.

2. 어떤 상황에서 기대와 반대되는 행동이나 반응을 할 때 사용한다.

할머니는	아프다고 **하시면서도**		병원에 안 가신다.

↓ 상황   ↓ 기대와 다른 행동

- 남편이 아까 밥을 **먹었으면서도** 자꾸 배가 고프다고 한다.
- 서준이는 내가 자기를 좋아하는 걸 **알면서도** 자꾸 모르는 척한다.

연습

● 문장을 만들어 보세요.

(1) 새로 나온 등산복 / 얇다 / 따뜻하다

→ _____

(2) 내 동생 / 항상 놀다 / 반에서 1등을 놓치지 않다

→ _____

(3) 그 사람 / 부자가 아니다 / 매달 많은 돈을 기부하다

→ _____

1 보기와 같이 이야기해 보세요.

보기

이 떡볶이, 너무 맵다   맛있다

이 떡볶이가
너무 맵죠?

네, 그런데 매우면서도
맛있어요.

(1) 어제 본 영화의 주인공, 웃기다   불쌍하다

(2) 이번 일, 마크 씨가 잘못했다   사과를 안 하다

(3) 레나, (   )   사람들 앞에서 노래 부르는 걸 싫어하다

(4) 새로 들어온 신입 사원, 조용하다   (   )

2 다음은 어떤 감정이나 상태를 표현하는 말일까요? 밑줄 친 말의 의미를 추측해서 설명해 보세요.

보기
가 이번에 아버지가 회사를 퇴직하셨다면서? 기분이 어떠시대?
나 30년 동안 일했던 회사를 그만두게 되니 시원섭섭하시대.

→ 시원섭섭하다: <u>시원하면서도 섭섭한 감정을 말하는 것 같아요.</u>

(1) 가 최근 한국식 치킨이 세계인들에게 인기 있는 이유는 어디에 있을까요?
     나 한국식 치킨은 겉바속촉한 식감을 느낄 수 있죠.

→ 겉바속촉: _____

(2) 가 이 영화에서 제일 재미있었던 장면은 어떤 장면이었어?
     나 가난한 주인공 가족이 옆집 와이파이를 몰래 쓰기 위해서 인터넷을 할 때마다
         화장실에 들어가는 장면은 정말 웃픈 장면이었어.

→ 웃프다: _____

문법 2

A/V-아/어서 그런지

오늘 날씨가 어때요?

어제 비가 와서 그런지 오늘은 날씨가 춥네요.

어떤 일의 원인을 추측하여 말할 때 사용한다. 앞의 사실이 뒤의 사실의 원인이 된다는 것을 증명하지는 못하지만 서로 관계가 있다고 생각할 때 사용한다.

어제 비가 **와서 그런지**	오늘은 날씨가 춥네요.
↓	↓
사실1 (원인)	사실2 (상태, 결과)

둘의 인과 관계를 추측함.

- 이 집은 학교와 **가까워서 그런지** 방은 작은데 월세가 비싼 것 같아요.
- 우리 나라 말에는 받침이 **없어서 그런지** 처음에는 한글을 읽기 어려웠어요.
- 어제 약속 시간에 늦은 게 **미안해서 그런지** 친구가 저녁을 산다고 하네요.
- 오늘이 **명절이라서 그런지** 문을 닫은 가게들이 많네요.

연습

◉ 문장을 만들어 보세요.

(1) 아까 먹은 음식이 너무 맵다 / 배가 아프다

→ _____

(2) 그 사람은 한국에 온 지 얼마 안 되다 / 한국의 예절을 잘 모르다

→ _____

(3) 장마철이다 / 빨래가 잘 안 마르다

→ _____

활동

1 보기와 같이 이야기해 보세요.

보기

늦다   주말이다, 차가 많이 막히다

왜 이렇게 늦었어요?   주말이라서 그런지 차가
                                        많이 막히더라고요.

(1) 이렇게 벚꽃이 빨리 피다   요즘 날씨가 따뜻하다, 벚꽃이 빨리 피다

(2) 카린이 수업 시간에 졸다   아르바이트를 시작하다, 많이 피곤해하다

(3) 두 사람이 말을 안 하다   조별 과제 때문에 싸우다, (   )

(4) 파티마가 점심 먹으러 안 가다   (   ), 안 간다고 하다

2 다음 사회 현상에 대한 원인을 추측해서 이야기해 보세요.

원인	결과
보기 혼자 사는 것이 편하다	젊은 사람들이 결혼할 생각이 없다

→ 혼자 사는 것이 편해서 그런지 젊은 사람들이 결혼할 생각이 없는 것 같다.

원인	결과
(1) 사람들이 개발에만 신경 쓰다	환경 오염이 심각해지고 있다

→

원인	결과
(2) 한국에 거주하는 외국인이 증가하다	

→

원인	결과
(3)	좋은 일자리를 찾는 게 어렵다

→

원인	결과
(4)	

→

대화

● 대화를 듣고 따라 읽어 보세요.

한글 궁서체
한글 바탕체
한글 고딕체

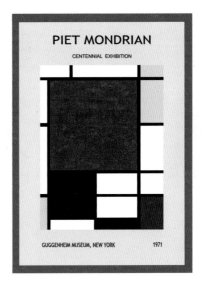

첸 뭐 하고 있어?

마크 응, 한글로 PPT를 만들어서 발표해야 하는데 어떤 글씨체를 써야 할지 고민 중이야. 네가 보기에는 어떤 게 좋을 것 같아?

첸 그래? 난 고딕체가 제일 좋을 것 같은데? 고딕체가 제일 단순하면서도 보기에 편한 것 같아. 한글의 현대적인 느낌도 잘 담고 있어서 세련돼 보여.

마크 네가 생각하는 한글의 현대적인 느낌이 뭔데?

첸 한글은 다른 문자들에 비해서 직선을 많이 사용해서 그런지 차갑고 도시적인 느낌을 준다고 생각될 때가 있거든.

마크 와, 역시 디자인 전공을 하는 학생은 보는 눈이 다르네.

고딕체 | 세련되다 | 직선

어휘와 표현

1 다음 단어에 대해 알아보고 빈칸에 알맞은 말을 쓰세요.

획	자음	모음	음절	기관
한 획	쌍자음	기본 모음	2음절	발음 기관

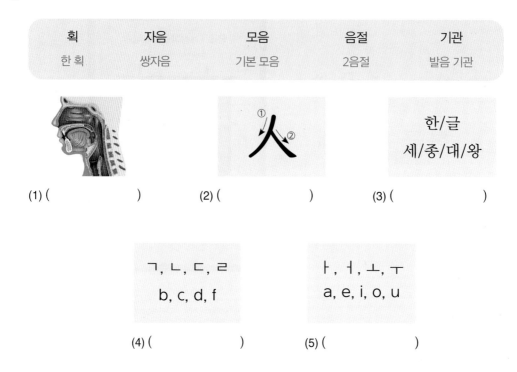

(1) (　　　　　　　　)　　(2) (　　　　　　　　)　　(3) (　　　　　　　　)

(4) (　　　　　　　　)　　　(5) (　　　　　　)

2 다음 단어와 의미가 맞는 것을 연결하세요.

(1) 본뜨다　　●　　　　　　　● ㉮ 기호로 적어서 나타내다

(2) 표기하다　　●　　　　　　● ㉯ 이미 있던 것에 다른 것을 더하다

(3) 덧붙이다　　●　　　　　　● ㉰ 정해진 기준으로 전체를 부분으로 나누다

(4) 구분하다　　●　　　　　　● ㉱ 이미 존재하는 대상을 보고 따라서 만들다

(5) 조합하다　　●　　　　　　● ㉲ 여러 가지 것들을 모아 새로운 것을 만들다

오늘의 표현

N은/는 N에/에게 영향을 미치다(주다, 끼치다)

앞의 대상이 뒤의 대상에 변화 등을 일으키는 원인이 됨을 나타낼 때 사용한다.

- 사고방식은 평소의 언어 습관에 **영향을 미친다**.
- 소화 기관의 문제는 피부에도 **영향을 끼친다**.
- 부모님의 말과 행동은 아이들의 행동에 **영향을 준다**.

읽고 말하기 1

● 다음 만화를 보고 속담의 의미를 생각해 보세요.

오늘의 속담

"낫 놓고 기역 자도 모른다"

자네는 '기역(ㄱ)'이 어떻게 생겼는지 아는가?

내가 글자를 배운 적이 없는데 '기역(ㄱ)'을 어떻게 알겠는가?

속담의 의미

예전에 곡식이나 풀을 벨 때 사용하던 '낫'은 한글의 '기역(ㄱ)'처럼 생겼습니다. 하지만 한글을 모르는 사람들은 낫을 눈앞에 놓고 보면서도 '기역(ㄱ)'이 어떻게 생겼는지 말하지 못한다는 얘기입니다. 이처럼 아주 쉽거나 문제의 답이 눈앞에 있어도 답을 찾지 못하는 것을 가리킬 때 쓰는 속담입니다.

1 윗글을 읽고 질문에 대답해 보세요.

(1) 낫은 언제 사용하는 물건이고 어떻게 생겼습니까?

- 용도:

- 생김새:

(2) "낫 놓고 기역 자도 모른다"라는 속담의 의미는 무엇입니까?

(3) 한글의 디자인을 보고 생각나는 물건이 있습니까?

낫 | 곡식 | 풀 | 베다 | 가리키다 | 자네 | 용도 | 생김새

● 다음은 한글의 디자인에 대한 글입니다.

한글의 디자인적 특성

발명가들은 새로운 물건을 만들어 낼 때 어떻게 하면 사람들이 더 쉽고 편하게 그 물건을 사용할 수 있을지 고민하는데 이런 고민은 그 물건의 디자인에도 영향을 미치게 된다. 문자의 경우도 크게 다르지 않다. 세종대왕도 한글의 모양을 디자인할 때 어떻게 하면 사람들이 더 쉽게 배우고 편하게 사용할 수 있을지 수많은 고민을 했을 것이다.

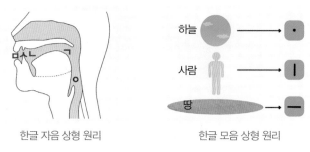

한글 자음 상형 원리　　　　　　한글 모음 상형 원리

한글의 기본 자음 'ㄱ, ㄴ, ㅁ, ㅇ, ㅅ'은 사람들이 그 소리를 쉽게 기억하도록 소리가 나는 각 발음 기관의 모양을 따라서 만들었다. 모음 'ㆍ, ㅡ, ㅣ'는 하늘과 땅, 그리고 사람의 모양을 본떠서 만들었다. 글자에 세상의 모습을 담은 것이다. 한글의 다른 자음과 모음은 이렇게 만들어진 기본 글자에 획을 더하거나 다른 기본 글자를 덧붙여 'ㄱ, ㅋ, ㄲ'처럼 비슷하면서도 다른 소리를 구분하여 표기할 수 있게 하였다.

이런 원리로 만들어져서 그런지 한국어를 처음 접하는 외국인도 한글을 배우는 데에는 많은 시간이 걸리지 않는다. 한글을 배우고 사용해야 하는 사람들의 편의성을 고려한 한글의 디자인 덕분에 한글은 누구나 쉽고 빠르게 배워서 쓸 수 있는 문자가 된 것이다. 또한 한글은 자음과 모음을 조합해서 하나의 음절로 쓰기 때문에 책을 읽을 때 많은 양의 문자를 한 번에 빠르게 볼 수 있어 독서의 능률을 높인다.

한글 가획 원리　　　　　　한글 모아쓰기

1 질문에 대답하세요.

(1) 한글의 자음과 모음은 무엇의 모양을 본떠서 만들었습니까?

- 자음:

- 모음:

(2) 세종대왕은 한글을 만들 때 어떤 점을 고민했습니까?

(3) 디자인적인 측면에서 봤을 때 한글의 장점은 무엇입니까?

- 누구나 쉽고 빠르게 배워서 쓸 수 있다.

-

◉ 자기 나라에서 사용하는 문자가 어떻게 만들어졌는지 설명해 보세요.

예 우리 나라에서 사용하는 문자는 알파벳입니다. 알파벳 'A'는 소의 머리 모양을 본떠서 만들었는데 'alpha(소)'라는 원래의 의미는 없어지고 [a]라는 소리만 남게 된 것입니다.

⛰ → 山 → 山	安 → 安 → あ	ا ب ت ث ج ح خ
🏞 → 川 → 川	以 → り → い	د ذ ر ز س ش ص ض
🌙 → ♪ → 月	宇 → 宇 → う	ط ظ ع غ ف ق ك
☀ → ☉ → 日	衣 → え → え	ل م ن و ه ي
🌧 → 雨 → 雨	於 → 於 → お	?

우리 나라에서 사용하는 문자는 _____ 입니다.

_____

_____

_____

원리 │ 편의성 │ 능률

8-3 한 단계 오르기

생각해 봅시다

● 다음 어휘와 문법 중 잘 이해하고 있는 것에 표시(✔)하세요.

☐ 백성	☐ 양반	☐ 문자
☐ 음절	☐ 기관	☐ 모음
☐ 개최하다	☐ 기록하다	☐ 구분하다
☐ 본뜨다	☐ 덧붙이다	☐ 표기하다

☐ 한글이 **없었더라면** 아직도 한자를 사용하고 있었을까?

☐ 오랫동안 **고민한 끝에** 한국에 유학을 가기로 했다.

☐ 친구들과 문제가 생기면 **대화를 통해서** 해결하세요.

☐ 그 가게의 물건은 **저렴하면서도** 품질이 좋아요.

☐ 창문을 열고 **자서 그런지** 감기에 걸린 것 같아요.

☐ 부모의 교육 **방식은** 아이들의 행동에 영향을 **미친다**.

● 아래의 문장을 보고 보기 와 같이 이야기해 보세요.

프랑스에서는 양반들끼리만 결혼할 수 있었어요.

보기

옛날 우리 나라에서는 양반들끼리만 결혼할 수 있었어요.

하하, '양반'은 조선 시대에 살던 신분이 높은 사람들을 의미할 때만 사용하는 말이에요. 유럽의 경우라면 '귀족'이나 '상류층'과 같은 말을 사용하면 돼요.

1 다음 중 단어가 어색하게 쓰인 문장이 없는지 친구와 이야기해 보세요.

(1) 토요일에 우리 언니가 교회에서 결혼식을 개최합니다.

(2) 파란색과 빨간색을 덧붙이면 보라색이 됩니다.

(3) 한글은 자음과 모음을 조합해서 하나의 음절로 쓴다.

(4) 한자는 사물의 모양을 본떠서 만든 글자예요.

(5) 세계적인 경제 위기로 물가가 많이 올라서 백성들의 생활이 어렵다.

2 다음 중 문법이나 표현이 어색하게 쓰인 문장이 없는지 친구와 이야기해 보세요.

(1) 떡볶이는 매우면서도 달아요.

(2) 태풍이 온 끝에 여행을 취소했어요.

(3) 우리는 글을 통해서 자신의 생각을 전달합니다.

(4) 이번 결정에 친구의 조언이 많은 영향을 미쳤다.

(5) 음식이 맛있어서 그런지 신선한 재료를 사용했어요.

(6) 어제 비가 왔더라면 콘서트가 취소되지 않았을 거예요.

(7) 준비를 많이 해서 그런지 이번 발표에서는 실수하지 않을 거예요.

3 아래 그림을 보고 배운 문법과 표현을 사용해서 세종대왕이 한글을 만든 이유와 원리를 설명해 보세요.

　　세종대왕이 한글을 만들기 전까지 한국에서는 한자를 사용하여 한국어를 표기했다. 그런데 조선 시대에 글을 읽거나 쓸 줄 아는 사람들은 대부분 양반들이었다. 반면에 ＿＿＿＿＿＿＿＿＿＿＿＿

＿＿

＿＿

＿＿

어휘 늘리기

◉ 다음 두 단어들의 차이를 설명해 보세요.

| 언어 | 문자 | | 자음 | 모음 | | 의성어 | 의태어 |

| 모국어 | 외국어 | | 고유어 | 외래어 | | 표음 문자 | 표의 문자 |

◉ 다음의 설명을 읽고 알맞은 단어를 넣어 보세요.

가로세로 낱말 퀴즈

1.					4.
			2. 모		
			방		
	3.		하		
4.			다		5.
5.			6.		

〈가로〉

1. 한번에 소리 낼 수 있는 소리의 최소 단위
2. 부모에게 배워 태어날 때부터 사용하는 언어
3. 소리를 문자나 기호로 표시하다, 적어서 나타내다
4. 발음할 때 목이나 혀, 입술 등에 방해를 받아 나오는 소리, 한글의 'ㄱ, ㄴ, ㄷ, ㄹ' 등
5. 중국어를 글로 적을 때 사용하는 문자
6. 사람이나 사물의 소리를 흉내 낸 말

〈세로〉

1. 사람의 목소리나 말소리
2. 다른 것을 본떠서 만들다, 남의 것을 따라 하다
3. 사람이 말하는 소리를 기호로 나타낸 문자
4. 생각, 느낌 따위를 나타내거나 전달하는 데에 쓰는 음성, 문자 따위의 수단이나 그 체계
5. 다른 나라에서 들어와서 자기 나라말처럼 쓰이는 말

1 다음 의태어에 대해 알아보세요.

불이야, 불이야!

활짝	벌컥벌컥
벌떡	주룩주룩
꽁꽁	부랴부랴

(1) (　　　　　　): 급하게 서둘러서 마시는 모양

(2) (　　　　　　): 갑자기 급하게 일어나는 모양

(3) (　　　　　　): 매우 단단하게 얼어 있는 모양

(4) (　　　　　　): 시간이 없는 듯이 급하게 행동하는 모양

(5) (　　　　　　): 문, 꽃잎, 날개 등이 시원스럽게 열리는 모양

(6) (　　　　　　): 많은 양의 비나 눈물이 위에서 아래로 내리거나 흐르는 모양

2 빈칸에 알맞은 말을 써 보세요.

(1) 집에 돌아와 보니 창문이 (　　　　　) 열려 있었다.

(2) 1월 말이 되니 날씨가 너무 추워서 한강까지 (　　　　　) 얼었다.

(3) 너무 목이 말라서 집에 도착하자마자 냉장고에서 물을 꺼내 (　　　　　) 마셨다.

(4) 지난주부터 장마철이 시작되어서 일주일 내내 비가 (　　　　　) 내리고 있다.

(5) 빈 씨는 수업 시간에 졸다가 선생님이 이름을 부르는 소리를 듣고 자리에서 (　　　　　) 일어났다.

(6) 파티마는 요즘 일 때문에 바빠서 그런지 수업이 끝나자마자 (　　　　　) 가방을 싸서 나간다.

3 큰말과 작은말에 대해서 알아보세요.

반짝반짝 / 번쩍번쩍	보글보글 / 부글부글	꼬박꼬박 / 꾸벅꾸벅

(1) 가을 밤하늘에 별들이 (반짝반짝 / 번쩍번쩍) 빛난다.

(2) 밤새도록 (반짝반짝 / 번쩍번쩍) 번개가 쳤다.

(3) 된장찌개가 (보글보글 / 부글부글) 끓고 있다.

(4) 아이가 말을 듣지 않아서 속이 (보글보글 / 부글부글) 끓는다.

(5) 제일 앞에 앉은 학생이 아까부터 (꼬박꼬박 / 꾸벅꾸벅) 졸고 있다.

(6) 나는 지난 학기에 한 번도 빠지지 않고 (꼬박꼬박 / 꾸벅꾸벅) 학교에 나왔다.

실전 말하기

추천하기

● 다음 두 가지 중 하나를 골라 보기 처럼 친구에게 추천해 보세요.

질문: 한국 음식을 처음 먹는 외국인 친구에게 추천하고 싶은 한국 음식은 무엇입니까?

　　김치찌개　VS　치킨　　

보기

빈　　김치는 한국의 대표적인 음식으로 한국에 오면 꼭 먹어 봐야 하는 음식입니다. 그래서 저는 김치를 주재료로 요리한 김치찌개를 추천합니다.

엠마　김치가 한국을 대표하는 음식이기는 하지만 매운 음식을 못 먹는 외국인들에게 김치찌개 는 너무 맵지 않을까요? 그런 점에서 매운 김치찌개보다는 치킨이 더 좋다고 생각합니다.

빈　　네, 얘기를 듣고 보니까 김치찌개는 매워서 못 먹는 외국인들도 있을 것 같습니다. 하지만 치킨은 전통 한국 음식이라 보기 어렵고 다른 여러 나라에서도 먹을 수 있으니 역시 김치 찌개가 더 낫지 않을까 싶습니다.

질문: 서울에 처음 오는 외국인들에게 추천하고 싶은 한국의 명소는 어디입니까?

　　경복궁　VS　홍대　　

_____

_____

_____

_____

질문: 한국 문화에 관심이 생긴 친구에게 추천하고 싶은 문화 콘텐츠는 무엇입니까?

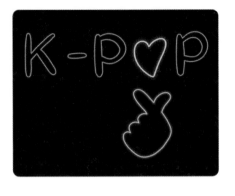

K-Pop
VS
K-드라마

_____

_____

_____

_____

● 추천할 때 사용하는 표현들

자신 있게 추천할 때 사용하는 표현들	• _____ 을/를 추천합니다. • _____ -(으)ㄴ/는 것이 좋다고 생각합니다.
자신의 생각을 조심스럽게 전할 때 사용하는 표현들	• _____ -(으)ㄴ/는 것 같습니다. • _____ -지 않을까 싶습니다. • _____ -지 않을까요? • _____ -지 않겠습니까?
추천하는 대상의 장점을 이야기할 때 사용하는 표현들	_____ -(ㄴ/는)다는 점에서 좋다고 생각합니다.

실전 쓰기

배경 설명하기

● 주제에 대한 내용을 본격적으로 쓰기 전에 주제와 관련된 간략한 상황적 배경을 쓰기

  한글날을 맞아 한국대학교에서는 외국인 유학생들을 대상으로 하는 한국어 백일장을 개최한다. 2015년에 시작된 이 대회는 외국인 학생들에게 한글의 아름다움을 알리고 한국어 쓰기 능력 향상에 도움이 되고자 개최하게 되었다.

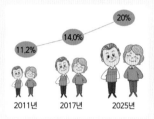 초고령화 시대로 접어들면서 실버산업에 대한 사람들의 관심이 집중되고 있다. 실버산업이란 노인들을 대상으로 하는 상품을 만들어 판매하거나 고령자를 위한 의료나 복지 서비스를 제공하는 산업으로 대표적인 예로는 건강식품, 의료기기, 유료 양로원, 노인 전용 주택 등이 있다.

● 배경을 설명하는 표현들

구분	표현
뒤 내용의 시대적·시기적 배경 설명	• (으)로 접어들면서 예 21세기로 접어들면서, 4차 산업 시대로 접어들면서… • 이/가 되면서 예 현대 사회가 되면서, 정보화 사회가 되면서, 여름철이 되면서
뒤 내용의 배경이 되는 최신 화제를 언급	• 최근 에 대해 사람들의 관심이 집중되고(증가하고) 있다. 예 최근 기후 변화 문제에 대해 사람들의 관심이 집중되고 있다. • 최근 (사이)에서 이/가 주목받고 있다. 예 최근 할리우드에서 한국 영화가 주목받고 있다. • 최근 이/가 (으)로 떠오르고 있다. 예 최근 부동산 문제가 한국 경제의 뜨거운 이슈로 떠오르고 있다.
뒤 내용의 배경이 되는 날을 설명함.	• 을/를 맞아 예 부부의 날을 맞아, 설 연휴를 맞아, 휴가철을 맞아… • 년에 시작된 예 1896년에 시작된 근대 올림픽은

1 뒤에 이어지는 문장을 읽고 앞에 사용할 만한 배경이 되는 문장을 써 보세요.

(1) 벚꽃 축제

_____
_____. 올해는
벚꽃의 개화 시기가 작년보다 열흘 정도 빨라서 여의도 벚꽃 축제
역시 작년에 비해 1주일 정도 빨리 시작된다. 이번 벚꽃 축제에서
는 거리 공연, 벚꽃 사진전 등 다양한 행사가 펼쳐질 것이다.

(2) 층간 소음

_____
_____. 층간 소음이란
건물의 위층과 아래층 사이에 전해지는 아이들의 뛰는 소리, 청소
기 소리 등의 생활 소음을 말한다. 층간 소음으로 인한 이웃 간의
싸움을 막으려면 이웃을 배려하는 마음을 가지는 것이 중요하다.

(3) 일회용품 사용 문제

_____
_____. 조사
결과에 따르면 4인 가정에서 1주일 동안 버리는 일회용품 쓰레기
의 개수는 평균적으로 100개 이상이라고 한다. 지금처럼 사람들
이 일회용품을 아무 생각 없이 사용하다가는 소중한 자원이 계속
낭비될뿐더러 언젠가는 지구가 일회용품 쓰레기로 뒤덮일지도
모른다.

CHAPTER

09

생활과 경제

 **9-1** 어려운 이웃에게 조금이나마 도움이 됐으면 해서 그 제품을 구매했어요

- 기업이 사회를 위해서 할 수 있는 일은 어떤 것이 있을까요?
- 좋은 일을 많이 하는 기업이나 가게의 제품을 찾아서 사 본 적이 있습니까?

문법 1

N(이)나마

왜 그 제품을 샀어요?

어려운 이웃에게 조금이나마 도움이 됐으면 해서 그 제품을 구매했어요.

1. 어떤 것이 아주 만족스럽지는 않지만 선택함을 말할 때 사용한다.

집에 | 라면이나마 | 있어서 다행이에요.

↓

이것 말고 다른 선택이 없음.

- 사무실에 낡은 **우산이나마** 있어서 다행이에요.
- 점심을 못 먹어서 너무 배고팠는데 **우유나마** 마시니까 살 것 같네요.

2. 다른 사람에게 도움이 되거나 위로가 된 것을 겸손하게 표현할 때 사용한다.

어려운 이웃에게 | 조금이나마 | 도움이 됐으면 해서 봉사 활동을 시작했습니다.

↓

도움을 주려고 한 행동을 겸손하게 표현함.

- 적은 **돈이나마** 도움을 드리고 싶어서 기부했어요.
- 노래 한 **곡이나마** 사람들에게 위로를 주고 싶어서 이 노래를 만들었습니다.

연습

● 문장을 만들어 보세요.

(1) 부모님의 목소리 / 듣다 / 위로가 되다

→ _____

(2) 영화표 / 맨 앞자리 / 남아 있다 / 다행이다

→ _____

(3) 작은 힘 / 도움이 되다 / 봉사하러 오다

→ _____

1 보기 와 같이 이야기해 보세요.

보기   이사 갈 집이 좁다, 마음에 안 들다   좁은 집을 구할 수 있다, 다행이다

이사 갈 집이 좁아서
마음에 안 들죠?

그래도 좁은 집이나마
구할 수 있어서 다행이에요.

(1) 친구가 별로 없다, 유학 생활이 외롭다   룸메이트가 있다, 위로가 되다

(2) 물가가 오르다, 생활하기 어렵다   교통비가 안 오르다, 다행이다

(3) 평일에 일이 많다, 힘들다   (   ), 괜찮다

(4) (   ), 너무 덥다   선풍기가 있다, 다행이다

2 보기 와 같이 인터뷰의 대답을 만들어 보세요.

보기

아프리카에 돈을 보내게 된 계기

어떻게 아프리카에
돈을 보내게 되었습니까?

적은 돈이나마 도움이 됐으면
해서 돈을 보내게 되었습니다.

회사 안에 휴식 공간을 만든 이유

사장님

콘서트 수익금을 모두 기부한 이유

가수 A씨

재해가 발생한 지역에
봉사 활동을 가게 된 계기

?

대학생

문법 2

A/V-(으)ㄹ 뿐이다

이 화장품을 바르면 주름이 없어진다던데 효과가 있겠죠?

그런 건 그냥 광고일 뿐이니까 다 믿지 마세요.

앞에 오는 말이 나타내는 상태나 상황 이외에 다른 어떤 것도 없음을 말할 때 사용한다.
보통 상태나 행동의 의미를 최소화하여 나타낼 때 사용한다.

그런 건 그냥　　　　　**광고일 뿐이니까**　　　　　다 믿지 마세요.
↓
단어의 의미, 그 이상도 이하도 아님.

- 가　안색이 안 좋은데 어디 아파요?
　나　괜찮아요. 어제 늦게 자서 좀 **피곤할 뿐이에요.**
- 저는 다른 외국어는 할 줄 모르고 영어만 조금 **알 뿐이에요.**
- 제가 한 일은 특별한 것이 아니라 그저 작은 **나눔일 뿐입니다.**
- 안경 하나 **바꿨을 뿐인데** 인상이 많이 달라 보이네요.

연습

● 문장을 만들어 보세요.

(1) 특별한 이상은 없다 / 배가 조금 아프다

→ _____

(2) 그 사람은 나쁜 사람이 아니다 / 그냥 성격이 무뚝뚝하다

→ _____

(3) 음식 솜씨가 좋은 게 아니다 / 좋은 재료를 쓰다

→ _____

활동

1 보기 와 같이 이야기해 보세요.

보기 항상 학교에 일찍 오다, 부지런하다　　　　학교에서 집이 가깝다

항상 학교에 일찍 오는 걸 보니 정말 부지런한 것 같아요.

아니에요. 부지런한 게 아니라 그냥 학교에서 집이 가까울 뿐이에요.

(1) 매일 노래 연습을 하다, 가수가 되고 싶다　　　취미이다

(2) 계속 기침을 하다, 몸이 많이 안 좋다　　　감기에 걸렸다

(3) (　　　　　　), 다이어트하다　　　건강을 위해 하는 것이다

(4) 이 과자를 계속 먹다, (　　　　　　)　　　선물로 받아서 먹고 있다

2 다음과 같은 오해를 받아 본 적이 있습니까? 오해를 받을 수 있는 상황을 생각하며 대화를 만들어 보세요.

보기

카린 씨, 첸 씨와 자주 만나서 밥을 먹네요. 두 사람이 사귀는 사이예요?

사귀기는요. 우리는 그냥 친한 친구일 뿐이에요.

⟨받은 오해⟩

사귀는 사이임.

운동을 싫어함.　　　다이어트 중임.　　　씨를 좋아함.

말하기 연습을 하기 싫어함.　　　씨와 싸웠음.　　　?

80

대화

◉ 대화를 듣고 따라 읽어 보세요.

빈 　마크 씨, 오늘 저녁은 치킨을 배달시켜 먹으려고요?

마크 　네, 어떤 가게가 좋을지 앱으로 보고 있어요.

빈 　마크 씨는 꼭 '배달의 국민' 앱으로만 음식을 시켜 먹던데 특별한 이유가
　　있어요?

마크 　'배달의 국민'에서 주문하면 수익금의 3%가 밥을 못 먹는 아이들을 위해
　　사용된다는 기사를 봤거든요. 그래서 저도 작은 **힘이나마** 보태고 싶어서
　　이 앱으로만 주문해요.

빈 　그런 것도 생각하다니, 대단하네요. 그런데 마크 씨는 양념치킨을 정말
　　좋아하나 봐요. 제가 볼 때마다 양념치킨을 먹는 듯해요.

마크 　아이고, 그냥 우연의 **일치일 뿐이죠.** 제가 양념치킨을 주문할 때마다
　　빈 씨가 우리 집에 와서 그래요.

빈 　하하하, 아무튼 치킨 잘 먹을게요. 다음엔 제가 살게요.

보태다 ｜ 우연 ｜ 일치

어휘와 표현

1 다음 단어에 대해 알아보고 빈칸에 알맞은 말을 쓰세요.

소비	매출	선행	보탬	가치
착한 소비	매출이 떨어지다	선행이 알려지다	보탬이 되다	사회적 가치

착하고 좋은 행동	돈이나 시간 등을 써서 없앰.	대상이 가지고 있는 중요한 의미

(1) (   )　　　(2) (   )　　　(3) (   )

물건 등을 팔아서 얻는 전체 금액	부족한 것이 채워지도록 더해서 돕는 일

　　　(4) (   )　　　(5) (   )

2 다음 단어와 의미가 맞는 것을 연결하세요.

(1) 베풀다　　　　　　　　　　　　⑦ 마음을 부드럽게 하는 따뜻함이 있다

(2) 훈훈하다　　　　　　　　　　　④ 옳다고 생각하는 것을 좇아서 구하다

(3) 쑥스럽다　　　　　　　　　　　⑤ 생각한 것을 실제로 행동에 옮기다

(4) 실천하다　　　　　　　　　　　⑥ 어울리지 않아 어색하고 부끄럽다

(5) 추구하다　　　　　　　　　　　⑩ 남에게 도움을 줘서 혜택을 받게 하다

N을/를 비롯해(서)

여럿 가운데 앞의 것을 중심으로 다른 것도 포함하여 말할 때 사용한다.

- 환경을 **비롯해서** 사회적 가치 등을 생각하면서 소비하는 사람이 늘고 있다.
- 와우 항공에서는 비빔밥을 **비롯해** 다양한 한식을 기내식으로 제공하고 있다.
- '나눔 장터'는 서울을 **비롯해** 경기, 인천 등의 수도권 지역에서 열릴 예정이다.

듣고 말하기 1

● 다음은 무엇에 대한 인터뷰일까요?

① 다음을 듣고 대답해 보세요.

Track 12

(1) 형제는 처음에 사장님에게 어떤 질문을 했습니까?

(2) 이 치킨 가게는 왜 주문이 밀려들고 있습니까?

(3) SNS에서 착한 가게에 대한 이야기를 본 적이 있습니까?

밀려들다 │ 이름나다 │ 어치 │ 끊이다

듣고 말하기 2

Track 13

1 다음 대화를 잘 듣고 질문에 답하세요.

(1) 카린이 SNS에서 본 착한 치킨 가게의 이야기는 어떤 내용입니까?

(2) 착한 소비에 관심을 가지는 이유에 대한 질문에 어떤 응답이 많았습니까?

(3) 소비자들은 어떤 행동들을 통해 착한 소비를 실천하고 있습니까?

-
-
- 공정 무역 초콜릿을 찾아 주문한다.

2 여러분의 생각을 이야기해 보세요.

(1) 착한 가게를 찾아 이용해 보고 싶은 생각이 있습니까? 그 이유는 무엇입니까?

(2) 알고 있는 착한 가게나 착한 기업이 있습니까?

(3) 소비를 할때 중요하게 생각하는 것이 무엇입니까?

> 예 디자인, 가격, 브랜드, 기업의 이미지, 사회적 가치, 환경에 대한 영향 …

● 다음은 한국의 대학생들이 실제로 실천한 적이 있다고 답한 착한 소비의 여러 유형입니다. 여러분은 어떤 것을 실천한 적이 있는지 이야기해 보세요.

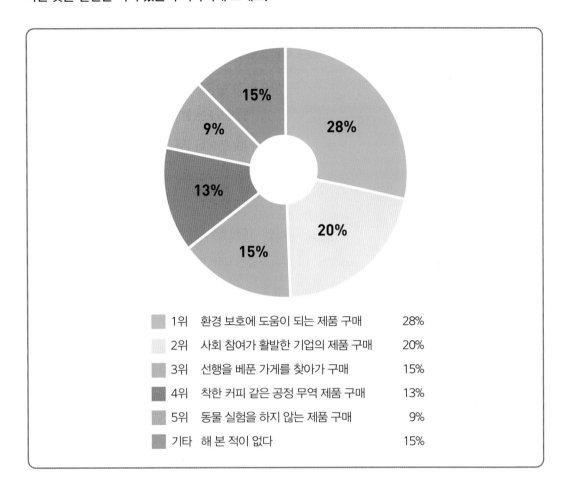

순위	유형	비율
1위	환경 보호에 도움이 되는 제품 구매	28%
2위	사회 참여가 활발한 기업의 제품 구매	20%
3위	선행을 베푼 가게를 찾아가 구매	15%
4위	착한 커피 같은 공정 무역 제품 구매	13%
5위	동물 실험을 하지 않는 제품 구매	9%
기타	해 본 적이 없다	15%

조사 결과를 보니 착한 소비는 생각보다 다양한 방법으로 실천할 수 있는 것 같아요. 민아 씨는 착한 소비를 실천해 본 적이 있어요?

저는 조금이나마 환경 보호에 도움이 되었으면 해서 조금 비싸더라도 친환경 제품을 구매하곤 해요. 친환경 플라스틱을 비롯해서 환경에 덜 해로운 목욕용품 같은 것을 구매하려고 노력하고 있어요.

(인터넷에) 뜨다 | 지속적 | 결식아동 | 태그 | 공정 무역

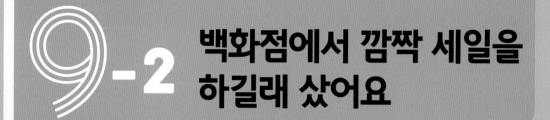

9-2 백화점에서 깜짝 세일을 하길래 샀어요

- 요즘 여러분 나라의 경제 상황은 어떤 것 같습니까?
- 경제가 나쁠 때 여러분은 어떤 물건의 소비를 줄입니까?

V-ㄴ/는다는 게

최근에 실수를 한 적이 있어요?

네, 지난주에 친구에게 메시지를 보낸다는 게 선생님께 보냈어요.

1. 착각을 해서 원래 하려고 한 행위를 하지 못하고 실수로 다른 행동을 했음을 말할 때 사용한다.

편의점에서   오천 원을 낸다는 게   오만 원을 냈어요.
↓   ↓
원래 하려고 한 행동   실수로 다른 행동을 함.

- 4급 책을 **가져온다는 게** 3급 책을 가져왔어요.
- 친구한테 **전화한다는 게** 엄마에게 전화했어요.

2. 자신의 의도와 다른 결과가 나타났음을 말할 때 사용한다.

분위기를   좋게 만든다는 게   오히려 어색하게 만들었어요.
↓   ↓
원래의 의도   의도와 다르게 나타난 결과

- 초콜릿을 한 개만 **먹는다는 게** 다섯 개나 먹어 버렸다.
- 가 백화점에서 구경만 한다고 하지 않았어?
  나 깜짝 세일을 하는 바람에 구경만 **한다는 게** 가방을 사고 말았어.

연습

◉ 문장을 만들어 보세요.

(1) 주문하다 / '저기요'라고 하다 / '자기야'라고 하다

→ _____

(2) 친구에게 전화하다 / 오해를 풀다 / 오히려 싸움을 키우다

→ _____

(3) 분위기에 취하다 / 술을 조금만 마시다 / 많이 마시다

→ _____

활동

1 보기 와 같이 이야기해 보세요.

보기 화장품을 왜 이렇게 많이 사다   로션만 사다, 구경하다가 이것저것 사게 되다

> 화장품을 왜 이렇게 많이 샀어요?

> 로션만 산다는 게 구경하다가 이것저것 사게 됐어요.

(1) 빈 씨를 잘 도와주다   옆에서 돕다, 오히려 귀찮게 한 것 같다

(2) 왜 숙제를 다 못 했다   숙제하다가 잠깐 눈을 붙이다, 아침까지 자 버렸다

(3) 카린 씨랑 화해하다   카린 씨의 화를 풀어 주다, (   )

(4) 찌개 맛이 왜 이렇게 이상하다   조미료를 넣어 맛을 좋게 하다, (   )

2 한국에 살면서 실수한 적이 있습니까? 한국에서 했던 실수에 대해 이야기해 보세요.

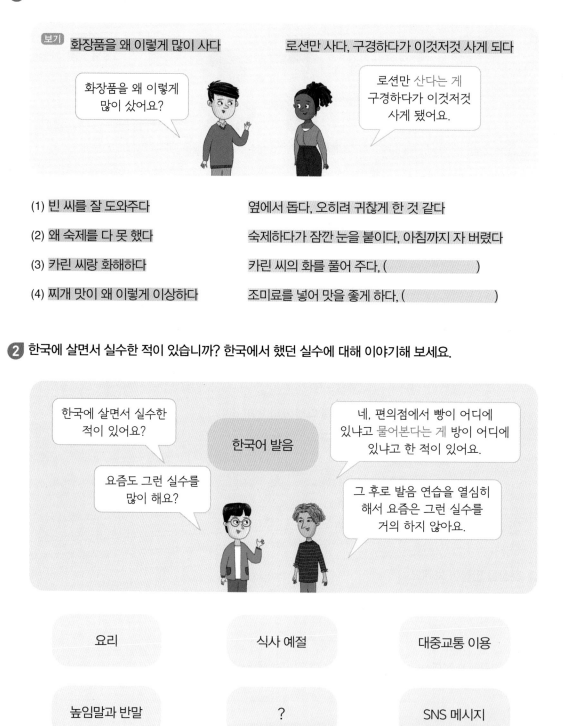

> 한국에 살면서 실수한 적이 있어요?

> 요즘도 그런 실수를 많이 해요?

한국어 발음

> 네, 편의점에서 빵이 어디에 있냐고 물어본다는 게 방이 어디에 있냐고 한 적이 있어요.

> 그 후로 발음 연습을 열심히 해서 요즘은 그런 실수를 거의 하지 않아요.

요리   식사 예절   대중교통 이용

높임말과 반말   ?   SNS 메시지

문법 2

A/V-길래

신발을 왜 그렇게 많이 샀어요?

백화점에서 깜짝 세일을 하길래 여러 켤레 샀어요.

> 우연히 발견된 사실이나 외부적인 일로 인해 화자 자신이 그 행동을 하게 되었음을 말할 때 사용한다.

백화점에서 깜짝 세일을 **하길래**	샀어요.
↓	↓
내 행동의 이유 (우연히 발견된 사실)	나의 행동

- 하늘이 **흐리길래** 우산을 챙겨서 나갔어요.
- 평소에 가지고 싶었던 물건을 **세일하길래** 바로 주문했어요.
- 화장품을 5만 원 이상 사면 사은품을 **준다고 하길래** 이것저것 사 버렸어요.
- 식당에서 사람들이 비빔밥을 많이 **먹길래** 나도 비빔밥으로 시켰어요.
- 친구가 학교에 8시에 **왔길래** 왜 이렇게 일찍 왔냐고 물어봤어요.

연습

● 문장을 만들어 보세요.

(1) 과일값 / 싸다 / 평소보다 많이 사다

→ _____

(2) 카페 / 아이들이 떠들다 / 조용히 하라고 하다

→ _____

(3) 친구 / 배고프다고 하다 / 냉장고에 있는 재료로 요리해 주다

→ _____

활동

1 보기 와 같이 이야기해 보세요.

보기

| 휴대폰을 바꾼 지 얼마 안 된 것 같다, 새 휴대폰으로 바꾸다 | 이번 달에 바꾸면 할인 혜택이 있다 |

> 휴대폰을 바꾼 지 얼마 안 된 것 같은데 새 휴대폰으로 바꿨네요.

> 이번 달에 바꾸면 할인 혜택이 있길래 새 휴대폰으로 바꿨어요.

(1) 오늘 특별한 날도 아니다, 꽃을 사다   집에 오는 길에 꽃을 싸게 팔다

(2) 원래 과일을 잘 안 먹었다, 요즘 자주 먹다   과일이 피부에 좋다고 하다

(3) 겨울 옷을 사러 간다고 했던 것 같다, 그냥 오다   (　　　　　　　　　)

(4) 비도 안 오다, (　　　　　　　　　)   오늘 오후에 비가 온다고 하다

2 다음의 이유와 행동을 연결하여 다양한 문장으로 이야기해 보세요.

이유
- 치킨 가게가 보이다
- 치킨 냄새가 좋다
- 치킨 할인 행사를 하다

나의 행동
- 가게에 들어가다
- 치킨을 두 마리 사다

> 치킨 할인 행사를 하길래 치킨을 두 마리 샀어요.

이유	**이유**	**이유**
• 방 공기가 답답하다	• 친구가 기분이 안 좋다고 했다	•
• 이상한 냄새가 나다	• 친구가 시험이 끝났다고 했다	•

나의 행동	**나의 행동**	**나의 행동**
• 창문을 열다	•	• 라면을 끓여 먹다
• 공기 청정기를 틀다	•	• 배달을 시켜 먹다

대화

● 대화를 듣고 따라 읽어 보세요.

엠마 카린 씨는 요즘 도시락을 싸 가지고 다니네요. 도시락을 싸는 게 힘들지 않아요?

카린 요즘 식비가 너무 많이 들길래 도시락을 싸 가지고 다니게 됐어요.

엠마 정말 부지런하네요. 그래서 돈이 좀 절약되는 것 같아요?

카린 글쎄요. 도시락을 만드는 식재료 값도 올라서 돈을 절약한다는 게 오히려 더 많이 쓰게 되는 것 같아요.

엠마 그럴 수도 있겠네요. 요즘 식비도 그렇고 생필품값도 많이 올라서 생활하는 게 힘든 것 같아요.

카린 맞아요, 그래서 이제부터는 꼭 필요한 것만 사려고요.

엠마 저도 앞으로 쇼핑하기 전에 어떤 걸 살지 미리 적어 가야겠네요.

어휘와 표현

1 다음 단어에 대해 알아보고 빈칸에 알맞은 말을 쓰세요.

호황	불황	현상	만족도	판매량
호황을 누리다	경제 불황	경제 현상	만족도가 높다	판매량 증가

만족을 느끼는 정도	일정한 기간에 상품 등을 파는 양	나타나 보이는 사회나 사물의 상태

(1) (   )   (2) (   )   (3) (   )

경제가 좋은 상황	경제가 좋지 않은 상황

(4) (   )   (5) (   )

2 다음 단어와 의미가 맞는 것을 연결하세요.

(1) 지갑이 얇아지다   •   • ㉮ 경제적 상황이 좋다

(2) 형편이 넉넉하다   •   • ㉯ 돈을 아껴 알뜰하게 생활하다

(3) 허리띠를 졸라매다   •   • ㉰ 다른 것과 비교해 가격이 싸다

(4) 상황을 예측하다   •   • ㉱ 앞으로의 일에 대해 미리 생각해 보다

(5) 상대적으로 저렴하다   •   • ㉲ 경제적으로 충분하지 않은 상황이 되다

N에/에게 달려 있다

어떤 것을 결정하는 중요한 요소를 말할 때 사용한다.

- 소비 습관은 그 사람의 경제 상황에 달려 있다.
- 소비자들의 만족도는 제품의 가격보다는 품질에 달려 있다.
- 행복은 다른 사람의 시선이 아니라 자신에게 달려 있다.

읽고 말하기 1

● '립스틱 효과'라는 말을 들어 본 적이 있나요?

경제 불황과 '립스틱 효과'

지갑이 얇아져서 명품 가방은 못 사도 립스틱 정도는 살 수 있어!

형편이 넉넉하지 않아서 6천만 원짜리 차는 못 타지만 넥타이는 상대적으로 싸게 느껴지길래 샀어. 10만 원짜리 넥타이로 만족하는 수밖에 없지.

여러분은 '립스틱 효과'라는 말을 들어 본 적이 있습니까? '립스틱 효과'는 경제 불황 시기에 나타나는 특이한 소비 패턴으로 소비자의 만족도가 높으면서도 가격이 높지 않은 기호품의 판매량이 증가하는 현상을 말합니다. 립스틱이 여성 기호품이라면 넥타이는 남성 기호품이라고 할 수 있어서 립스틱 효과는 종종 넥타이 효과라고 불리기도 합니다. 1930년대 미국의 경제 불황 시기에 경제가 어려운데도 불구하고 립스틱의 판매량이 증가하는 현상이 나타나 경제학자들이 이런 말을 만들게 되었다고 합니다.

1 윗글을 읽고 질문에 대답해 보세요.

(1) '립스틱 효과'는 무엇을 말합니까?

(2) '립스틱 효과'는 다른 말로 뭐라고 합니까?

(3) 립스틱처럼 상대적으로 저렴하면서도 여러분을 만족시킬 수 있는 기호품은 무엇입니까?

명품 | 립스틱 | −짜리 | 넥타이 | 패턴 | 기호품 | 경제학자

◉ 다음은 경제 상황과 소비 습관에 대한 글입니다.

경제 불황과 햄버거 효과

나는 주말에 친구와 함께 햄버거를 먹으러 갔는데 그날따라 가게는 사람들로 발 디딜 틈 없이 붐볐다. 친구는 요즘 경제가 불황이라서 햄버거 가게에 사람이 많은 거라고 하면서 나에게 경제학 수업 시간에 들은 '햄버거 효과'에 대해서 설명해 주었다. 햄버거 효과라는 말은 경제 불황 시기에 비싼 음식 대신 햄버거나 라면 등 상대적으로 저렴한 음식을 많이 찾게 되는 현상을 뜻한다고 했다. 실제로 경제가 어려워지면 대부분의 식품 회사는 매출이 줄어들지만 햄버거와 라면 회사는 오히려 매출이 증가한다는 통계 자료도 있다.

미국의 한 경제학자는 경제와 관련된 중요한 회의가 있는 날에는 반드시 동네 세탁소와 속옷 가게에 들렀다고 한다. 그는 세탁소에 옷을 맡기는 사람이 늘면 경제가 좋아질 것으로 예측했고, 줄면 경제가 어려워질 것이라고 예상했다고 한다. 또 속옷 판매량이 떨어지면 경제 상황이 좋지 않다고 예측했는데, 속옷을 사는 돈조차 아낄 정도로 허리띠를 졸라매고 있는 상황으로 해석한 것이다.

보통 경제 전문가들은 주가를 비롯해서 환율, 은행의 금리, 실업률 등의 다양한 자료를 보고 경제 상황을 예측한다. 그런데 이런 객관적인 자료 외에도 사람들의 소비 습관을 관심 있게 살펴보면 지금 경제가 호황인지 불황인지 어느 정도 추측할 수 있다고 한다. 평소에 잘 느끼지는 못하지만 우리의 소비 패턴도 경제 상황에 달려 있다는 것이다. 이런 현상은 다양한 분야에서 나타나고 있으며 시대에 따라 그 품목도 변화하고 있다.

1 질문에 대답하세요.

(1) '햄버거 효과'라는 말은 무엇을 의미합니까?

(2) 미국의 한 경제학자는 경제와 관련된 회의가 있는 날에 어디에 들렀습니까?

(3) 경제 전문가들은 보통 어떤 자료를 보고 경제 상황을 예측합니까?

(4) 많이 팔리는 물건이나 서비스에 따라 무엇을 예측할 수 있습니까?

2 여러분의 생각을 이야기해 보세요.

(1) 햄버거나 라면처럼 불황 시기에 판매량이 증가할 것 같은 식품은 무엇입니까?

(2) 경제가 좋아지면 어떤 품목의 판매가 가장 먼저 증가할까요?

◉ 여러분은 다른 나라에 갔을 때 어떤 것을 기준으로 물가를 비교합니까?

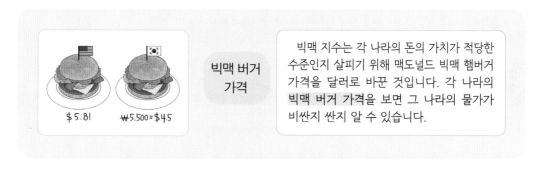

미용비   교통비   커피값   ?

따라 │ 발(을) 디딜 틈(이) 없다 │ 경제학 │ 통계 │ 주가 │ 금리 │ 실업률 │ 품목

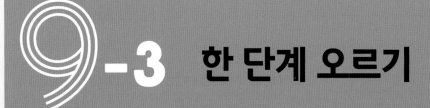

9-3 한 단계 오르기

생각해 봅시다

● 다음 어휘와 문법 중 잘 이해하고 있는 것에 표시(✓)하세요.

☐ 소비	☐ 매출	☐ 보탬
☐ 불황	☐ 호황	☐ 만족도
☐ 베풀다	☐ 쑥스럽다	☐ 실천하다
☐ 형편이 넉넉하다	☐ 허리띠를 졸라매다	☐ 상황을 예측하다

☐ 집에 먹을 것이 하나도 없는데 **라면이나마** 있어서 다행이에요.

☐ 저는 다른 한국 요리는 잘 못하고 불고기만 할 수 있을 **뿐입니다**.

☐ **전기 요금을 비롯해서** 모든 공공 요금이 다음 달부터 인상될 거라고 한다.

☐ 친구에게 메시지를 **보낸다는 게** 선생님께 보내고 말았다.

☐ 평소에 갖고 싶었던 물건을 인터넷 쇼핑몰에서 **판매하길래** 바로 주문했다.

☐ 신체의 건강은 식습관에 **달려 있다**.

● 아래의 문장을 보고 보기 와 같이 이야기해 보세요.

학교에서는 시험 점수가 높은 학생들에게 장학금을 베풀고 있다.

보기

이 문장에서 '장학금을 베풀고'가 좀 어색한 것 같지 않아요?

네, '베풀다'라는 단어는 보통 조건 없이 자신이 가진 것을 나눈다는 의미로 사용하니까 '베풀고'로 쓰면 안 되고 '주고'라고 써야 할 것 같아요.

1 다음 중 단어가 어색하게 쓰인 문장이 없는지 친구와 이야기해 보세요.

(1) 이웃을 생각하면서 물건을 사는 것은 착한 매출의 하나라고 할 수 있다.

(2) 환경 보호를 생활에서 실천하기 위해 장바구니를 가지고 다닌다.

(3) 경제 호황 탓에 물건의 판매량이 줄어 많은 가게들이 힘들어하고 있다.

(4) 정부에서는 형편이 넉넉해서 등록금 내기 어려운 학생들을 돕고 있다.

(5) 요즘 물가가 올라서 가능하면 돈을 쓰지 않고 허리띠를 졸라매고 있다.

2 다음 중 문법이나 표현이 어색하게 쓰인 문장이 없는지 친구와 이야기해 보세요.

(1) 카드를 안 가지고 왔는데 현금이나마 없어서 점심을 먹을 수 없어요.

(2) 이 식당은 음식 맛도 좋고 서비스도 친절한데 가격이 조금 비쌀 뿐이다.

(3) 다음 달부터 대중교통을 비롯해서 지하철, 버스 등의 요금이 오를 예정이다.

(4) 세탁기에 하얀색 빨래만 넣는다는 게 파란색 빨래도 넣었어요.

(5) 제가 같이 공부하자고 하길래 마크 씨도 같이 도서관에 갔어요.

(6) 비가 오길래 편의점에서 우산을 샀어요.

(7) 노력은 시험 성적에 달려 있다.

3 아래 그림을 보고 배운 문법과 표현을 사용해서 짧은 이야기를 만들어 보세요.

요즘 물가가 너무 올라서 한국에서 생활하기가 힘들다. 그래도 _____

_____

_____

_____

어휘 늘리기

● 다음 단어에 대해 알아보고 친구와 함께 질문에 대답해 보세요.

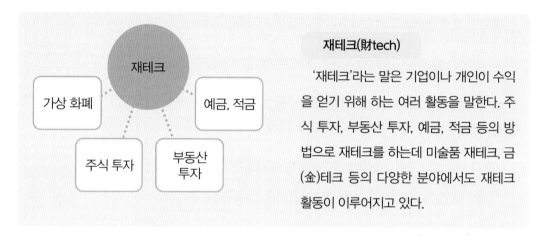

재테크(財tech)

'재테크'라는 말은 기업이나 개인이 수익을 얻기 위해 하는 여러 활동을 말한다. 주식 투자, 부동산 투자, 예금, 적금 등의 방법으로 재테크를 하는데 미술품 재테크, 금(金)테크 등의 다양한 분야에서도 재테크 활동이 이루어지고 있다.

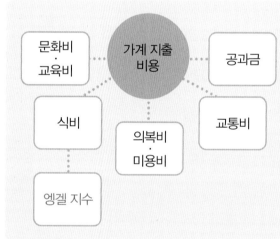

엥겔 지수(Engel指數)

일정 기간 가계의 소비 지출 총액에서 식비가 차지하는 비율로서, 가계의 생활 수준을 알 수 있는 기준의 하나이다. 가계 소득이 올라도 식료품의 소비량은 크게 늘어나지 않는다는 점에서 소득이 오를수록 엥겔 지수가 낮아진다는 것을 알 수 있다.

• 위의 재테크 방법 중에서 어떤 것에 관심이 있습니까?

• 주식 투자처럼 위험하지만 수익률이 높은 재테크와 예금처럼 안정적인 재테크 중에서 어떤 것을 선호합니까?

• 생활비 중에서 식비가 차지하는 비율이 얼마나 됩니까?

• 소득이 높아질수록 생활비 중에 어떤 비용이 차지하는 비율이 높아질 것 같습니까?

1 다음 관용어에 대해 알아보세요.

잘 팔린다

> 손을 잡다
> 물 쓰듯 하다
> 한눈에 보이다
> 눈앞이 캄캄하다
> 날개(가) 돋친 듯이
> 발(을) 디딜 틈(이) 없다

(1) (　　　　　　　): 사람이 많이 모여 복잡함.

(2) (　　　　　　　): 한꺼번에 전체를 볼 수 있음.

(3) (　　　　　　　): 서로 도와서 함께 일을 함.

(4) (　　　　　　　): 앞으로 어떻게 해야 할지 모름.

(5) (　　　　　　　): 상품이 빠른 속도로 팔려 나감.

(6) (　　　　　　　): 돈이나 물건을 아끼지 않고 낭비함.

2 빈칸에 알맞은 말을 써 보세요.

(1) 와우 카페가 결식아동들을 후원하고 있다는 소식이 알려지고 나서 매장 안은 매일 (　　　　　　　) 만큼 붐빈다.

(2) 세계적으로 인기를 끌고 있는 '화이트핑크'의 앨범이 나오자마자 (　　　　　　　) 팔리고 있다고 한다.

(3) 서로 경쟁하던 두 회사가 (　　　　　　　) 신제품을 만든다는 소식이 화제가 되고 있다.

(4) 가 왜 이렇게 한숨만 쉬고 있어요?

　　나 돈 들어갈 일도 많은데 직장까지 그만두게 되어서 (　　　　　　　).

(5) 가 카린 씨는 돈을 쓸 때마다 가계부 앱을 쓰네요.

　　나 가계부 앱을 쓰면 어디에 돈을 많이 썼는지 (　　　　　　　) 좋더라고요.

(6) 가 여보, 왜 그렇게 돈을 (　　　　　　　)? 그렇게 돈을 낭비하다가는 다음 달에는 허리띠를 졸라 매야 될 것 같아요.

　　나 요즘 친구들과 약속이 많아서 돈을 많이 썼는데 이제부터는 좀 아껴 쓸게요.

· 발 디딜 틈 없이 복잡한 가게를 알고 있습니까?
· 여름이나 겨울에 날개 돋친 듯 팔리는 물건이나 음식은 무엇이라고 생각합니까?

실전 말하기

평가하기

● 다음 제품이나 가게에 대해 보기 처럼 평가해 보세요.

보기			
〈'오렌지북' 노트북〉		★★★★★	디자인이 독특해서 만족스러울 뿐만 아니라 무게가 가벼워서 휴대하기에 좋다.
		★★★★☆	안 돌아가는 게임이 있기는 하지만 대부분의 작업은 잘 돼서 쓸 만하다.
		★★★☆☆	디자인은 예쁘지만 성능이 기대에 못 미쳐서 후회가 된다.
		★★☆☆☆	가성비가 떨어짐. 가격은 비싼데 배터리도 빨리 닳고 여러모로 실망스럽다.

빈　파티마 씨도 '오렌지북' 샀다고 했지요? 저도 구입해서 쓰고 있는데 디자인이 독특해서 만족스러울 뿐만 아니라 무게도 가벼워서 휴대하기에 좋은 제품인 것 같아요.

파티마　그래요? 저는 좀 생각이 다른데요. 디자인이 예쁘기는 하지만 성능이 기대에 못 미쳐서 후회가 돼요.

빈　네, 사실 안 돌아가는 게임이 있어 불편할 때도 있기는 하지만 대부분의 작업은 잘 되니까 저는 쓸 만한데요.

파티마　그래도 가성비가 너무 떨어지는 게 아닐까 싶어요. 가격은 비싼데 배터리도 빨리 닳고 여러모로 실망스러운 듯해요.

〈'와우' 삼계탕집〉		:)	국물도 뜨끈뜨끈하고 재료가 신선해서 맛에 대한 만족도가 높았다.
		:)	사장님이 친절한 데다 매장 안도 청결하고 쾌적해서 기분이 좋았다.
		:(	음식이 좀 짜서 입맛에 안 맞았다.
		:(	직원들이 불친절한 데다 사람이 너무 많아서 먹는 내내 시끄럽고 정신이 없었다.

● 평가할 때 사용하는 표현들

긍정적인 평가
 ☺
	• _____ –(으)ㄴ/는 데다 _____ –아/어서 _____ –기에 좋다
	    _____ –(으)ㄹ 뿐만 아니라 (마음에 들다, 만족스럽다)
	 • 품질, 성능, 효능, 맛, 서비스, 분위기 … 이/가 좋다(뛰어나다)
	 • _____ 이/가 기대 이상이다
	             (쓸 만하다, 한번 가 볼 만한 곳이다)
	 • 가성비가 좋다
	 • _____ 에 대한 만족도가 높다

부정적인 평가 ☹	• _____ –(으)ㄴ/는 데다 _____ –아/어서 불만족스럽다(실망스럽다) _____ –(으)ㄹ 뿐만 아니라 • 품질, 성능, 효능, 맛, 서비스, 분위기 … 이/가 안 좋다(형편없다) • _____ 이/가 기대에 못 미치다 • 가성비가 떨어지다 • 후회가 되다 / 괜히 샀다는(갔다는) 생각이 들다

독특하다 | 만족스럽다 | 무게 | 휴대하다 | 돌아가다 | 작업 | 성능 | (기대에) 미치다 | 가성비 | 닳다 | 실망스럽다 | 뜨끈뜨끈하다 | 청결하다 | 쾌적하다

실전 쓰기

개념 설명하기

● 어떤 개념에 대해 정의하고 풀어서 설명하는 글 쓰기

> **보기** **짠테크**
>
>
>
> '짠테크'라는 말은 심하게 절약하는 것을 의미하는 '짜다'의 줄임 말인 '짠'이라는 단어와 돈을 활용하는 기술인 '재테크'를 조합하여 만든 경제 관련 용어이다. 다시 말해 경제 불황 시기에 돈을 최대한 아끼고 불필요한 소비를 하지 않는 것을 말한다. 짠테크의 예로 커피 값을 줄이기 위해 커피 전문점의 커피는 마시지 않고 봉지 커피만 마신다든가 많이 걸으면 포인트를 적립해 주는 앱을 이용해 돈을 모은다든가 하는 것을 들 수 있다.
>
> **캥거루족**
>
>
>
> '캥거루족'이란 학교를 졸업해 경제적으로 독립할 나이가 되었는데도 부모에게 경제적으로 의존하는 젊은이들을 말한다. 즉 이 말은 취직할 나이가 되었는데도 일자리를 구하지 않거나 아르바이트만 하면서 부모와 동거하는 20~30대의 사람들을 가리킨다. 영국에서는 부모의 퇴직 연금을 없앤다고 하여 키퍼스(kippers)라고 부르며 결혼 후 독립했다가 다시 부모님 세대와 함께 사는 자녀 세대들은 '리터루족(Returoo族)'이라고 불리기도 한다.

● 문장 구성

구분	표현
정의하기	• ＿＿＿＿(이)라는 말은 ＿＿＿＿이다. • ＿＿＿＿(이)란 ＿＿＿＿을/를 말한다.
추가 설명하기	• 즉 ＿＿＿＿을/를 말한다.(가리킨다.) • 다시 말해서 ＿＿＿＿(이)라고 할 수 있다.
구체적으로 설명하기	• ＿＿＿＿의 예로 ＿＿＿＿을/를 들 수 있다. • 예를 들어 ＿＿＿＿(이)나 ＿＿＿＿ 등이 있다. • ＿＿＿＿(이)라고 부르며 ＿＿＿＿(이)라고 불리기도 한다.

1 공정 무역의 개념을 정의하고 설명하는 글을 써 보세요.

공정 무역	
정의하기	• 생산자의 노동에 대해 정당한 돈을 지불하면서도 소비자에게는 좀 더 좋은 제품을 제공하는 무역
추가 설명하기	• 불공정 무역의 잘못된 점을 반성하고 개선해 보자는 목적으로 시작된 것
구체적으로 설명하기	• 노동자들이 안전한 환경에서 일을 하고 일한 만큼 충분한 돈을 받도록 하는 착한 초콜릿, 착한 커피

(1) 공정 무역의 정의는 무엇입니까? 정의하기

_____

_____

_____

(2) 공정 무역에 대해 어떤 설명을 추가할 수 있습니까? 추가 설명하기

_____

_____

_____

(3) 공정 무역의 구체적인 예는 어떤 것이 있습니까? 구체적으로 설명하기

_____

_____

_____

용어 | 봉지 커피 | 독립하다 | 동거하다 | 연금 | 생산자 | 정당하다 | 지불하다

CHAPTER

10

대중문화

남자 주인공이 결국 세상을 떠나고 말았어요

- 어떤 장르의 영화를 좋아합니까?
- 최근에 본 드라마나 영화는 무엇입니까?

문법 1

N치고

> 한국 사람치고 매운 음식을 못 먹는 사람은 없는 것 같아요.

> 네, 그런데 저는 한국 사람치고 매운 음식을 못 먹는 편이에요.

1. 한 범주의 대상이 가지는 일반적인 특징을 설명할 때 사용한다.
주로 'N치고 A-(으)ㄴ/V-는 N은/는 없다'와 같이 쓴다.

한국 사람치고	매운 음식을 못 먹는 사람은 없는 것 같아요.
↓	↓
전체 대상	일반적이거나 공통적인 사실

- 광고를 많이 하는 **식당치고** 맛있는 식당 없다.
- 건강을 챙기는 **사람치고** 밤새도록 술을 많이 마시는 사람은 없어요.
- **한국 사람치고** 10월 9일이 무슨 날인지 모르는 사람이 어디 있겠어요?

2. 특정 대상이 전체 대상과 다른 특징을 가지고 있는 경우에 쓴다.
'N(특정 대상)은/는 N(전체 대상)치고 ~'와 같이 쓴다.

저는	한국 사람치고	매운 음식을 잘 못 먹어요.
↓	↓	↓
특정 대상	전체 대상	다른 특징

- 이 가방은 **명품치고** 가격이 저렴한 편입니다.
- 이 아파트는 오래된 **아파트치고** 관리가 잘 되어서 깨끗해요.

연습

◉ 문장을 만들어 보세요.

(1) 건강에 좋은 음식 / 자극적이다

→ _____

→ 이 음식은 _____

(2) 월급을 많이 주는 회사 / 일이 별로 없다

→ _____

→ 이 회사는 _____

1 보기 와 같이 이야기해 보세요.

보기 한국 드라마, 사랑 이야기가 안 나오다   남녀 간의 로맨스가 별로 없다

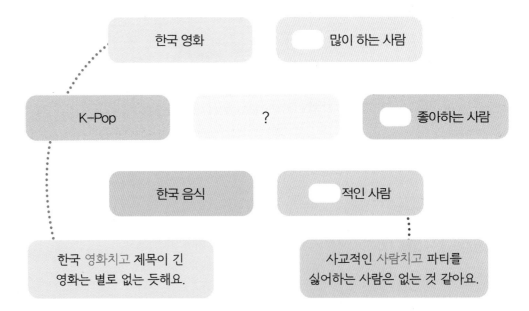

> 한국 드라마치고 사랑 이야기가 안 나오는 드라마는 없는 듯해요.

> 네, 맞아요. 그런데 이 드라마는 한국 드라마치고 남녀 간의 로맨스가 별로 없는 편이에요.

(1) 아이스크림, 달지 않다   단맛이 강하지 않다

(2) 고양이, 목욕을 좋아하다   물을 싫어하지 않다

(3) 저렴한 제품, (   )   쓸 만하다

(4) (   ) 가게, 밤늦게까지 하다   늦게까지 장사를 하다

2 다음의 대상들이 어떤 특징을 가지고 있는지 이야기해 보세요.

한국 영화   ☐ 많이 하는 사람

K-Pop   ?   ☐ 좋아하는 사람

한국 음식   ☐ 적인 사람

> 한국 영화치고 제목이 긴 영화는 별로 없는 듯해요.

> 사교적인 사람치고 파티를 싫어하는 사람은 없는 것 같아요.

문법 2

V-고 말다

그 드라마 결말이 어떻게 되었어요?

남자 주인공이 투병 끝에 세상을 떠나고 말았어요.

💡 1. 원하지 않는 부정적인 결과가 나타났을 때 사용한다. 과거 시제와 함께 쓴다.

남자 주인공이 투병 끝에   세상을 떠나고 말았어요.

↓

부정적인 결과

- 1시간만 잔다는 게 아침까지 **자고 말았어요.**
- 두 사람은 사랑했지만 부모님의 반대로 결국 **헤어지고 말았다.**
- 아이에게 화를 내지 않으려고 했는데 너무 화가 나서 그만 화를 **내고 말았다.**

2. 목표하는 바를 이루겠다는 의지를 나타낼 때 사용한다. 미래 시제와 함께 쓴다.

배우의 꿈을 꼭   이루고 말겠어.

↓

의지

- 공부를 열심히 해서 시험에 **합격하고 말겠어요.**
- 지난번에는 상을 못 받았지만 이번에는 꼭 상을 **받고 말겠다.**

연습

◉ 문장을 만들어 보세요.

(1) 늦게 출발하다 / 기차 / 놓치다

→ _____

(2) 부모님이 생일 선물로 사 주시다 / 무선 이어폰을 / 잃어버리다

→ _____

(3) 잃어버리다 / 이어폰 / 꼭 찾다

→ _____

1 보기 와 같이 이야기해 보세요.

보기 여자 주인공이 남자 주인공을 떠나다   작은 일로 다투다, 결국 헤어지다

여자 주인공이 남자 주인공을 떠났다면서요?

네, 작은 일로 다투다가 결국 헤어지고 말았어요.

(1) 우리 팀이 어제 경기에서 졌다   2 대 1로 이기다, 마지막에 지다

(2) 유키 씨가 병원에 입원했다   밤늦도록 일하다, 결국 쓰러지다

(3) 오빠가 퇴사했다   (   ), 결국 회사를 그만두다

(4) 병원에 갔다 왔다   추운데 얇은 옷을 입고 돌아다니다, (   )

2 여러분이 다음의 사람들이라면 꼭 이루고 싶은 일이 무엇인지 이야기해 보세요.

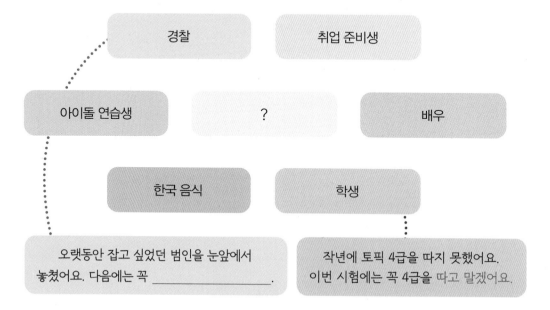

경찰   취업 준비생

아이돌 연습생   ?   배우

한국 음식   학생

오랫동안 잡고 싶었던 범인을 눈앞에서 놓쳤어요. 다음에는 꼭 _____.

작년에 토픽 4급을 따지 못했어요. 이번 시험에는 꼭 4급을 따고 말겠어요.

입원하다 | 그만두다 | 범인

110

대화

● 대화를 듣고 따라 읽어 보세요.

첸   왜 PC방에 와서 예매를 해요? 휴대폰으로 해도 되잖아요.

카린   휴대폰으로는 예매를 할래야 할 수가 없어요. 전에 휴대폰으로 여러 번
      해 봤는데 휴대폰의 인터넷 속도가 느려서 그런지 예매가 안 되더라고요.

첸   예매 못 했을 때 많이 속상했겠어요.

카린   얼마나 속상했는지 몰라요. 이번에도 휴대폰으로 하면 예매를 못 할 게
      뻔해요. 이번에는 콘서트 표를 꼭 예매하고 말겠어요.

첸   어? 그런데 이 콘서트는 규모가 좀 작네요.

카린   네, 아이돌 콘서트치고 규모가 좀 작은 편이에요. 그래서 예매하기가 더
      어려울 듯해요.

어휘와 표현

1 다음 단어에 대해 알아보고 빈칸에 알맞은 말을 쓰세요.

주연	악역	소재	장면	시청률
주연 배우	악역으로 나오다	가족을 소재로 하다	마지막 장면	시청률이 높다

드라마나 영화에서 가장 중요한 역할	이야기가 되는 재료	드라마나 영화에서의 나쁜 역할
(1) ( )	(2) ( )	(3) ( )

사람들이 특정 TV 프로그램을 보는 비율	(화면을 통해) 눈에 보여지는 모습
(4) ( )	(5) ( )

2 다음 단어와 의미가 맞는 것을 연결하세요.

(1) 방영되다 •   • ㉮ 숨겨진 내용이 세상에 알려지다

(2) 괴롭히다 •   • ㉯ 기뻐하고 즐거워하다

(3) 복수하다 •   • ㉰ 몸이나 마음을 힘들게 하다

(4) 희열을 느끼다 •   • ㉱ 피해를 받은 것을 상대에게 돌려주다

(5) 비밀이 밝혀지다 •   • ㉲ 텔레비전을 통해 방송이 나오다

듣고 말하기 1

● 다음은 드라마의 한 장면입니다. 무슨 내용일까요?

1 다음을 듣고 대답해 보세요.

Track 17

(1) 정우 어머니는 도연에게 무엇을 줬습니까?

(2) 정우 어머니는 무엇을 보고 놀랐습니까?

(3) 두 사람은 어떤 관계인 것 같습니까?

(4) 듣기에 나온 대사 중 기억에 남는 부분을 배우처럼 연기해 보세요.

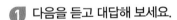
꼭 | 쥐다 | 점

듣고 말하기 2

1 다음은 세 사람의 대화입니다. 잘 듣고 질문에 답하세요.

Track 18

(1) 엠마와 마크는 드라마를 보고 어떤 생각을 했습니까?

(2) 어떤 드라마를 일일 드라마라고 부릅니까?

(3) 각 나라에는 어떤 드라마가 많습니까?

국적	특징
한국	① ( )을/를 소재로 한 드라마, 현실을 잊을 수 있는 ② ( )
미국	③ ( )(이)나 ④ ( )이/가 발생하는 드라마
프랑스	⑤ ( )을/를 소재로 한 드라마, ⑥ ( )(이)고 ⑦ ( )인 드라마

2 여러분의 생각을 이야기해 보세요.

(1) 한국 드라마에 어떤 장면이 자주 나오는 것 같습니까?

(2) 여러분 나라의 드라마는 한국 드라마와 어떻게 다릅니까?

(3) 요즘은 사람들이 어떤 드라마를 좋아한다고 생각합니까?

(4) 신선한 소재로 만들었다고 생각한 드라마나 영화가 있습니까?

● 좋아하는 배우에 대해 메모한 후 소개해 보세요.

제가 좋아하는 배우는 안윤서입니다. 안윤서는 2010년부터 연기 활동을 시작해 현재까지 수많은 영화와 드라마에서 주연을 맡은 배우입니다. 대표적인 작품으로는 〈다시 만날 결심〉, 〈남산 터널〉, 〈오징어 왕국〉 등이 있습니다. 뛰어난 연기력으로 많은 이들의 사랑을 받고 있고 여러 영화제에서 여우주연상을 비롯해 많은 상을 받았습니다.

안윤서는 인간적인 면을 보여 주는 사람입니다. 자신의 우울증에 대해 솔직하게 이야기하고 이를 극복하기 위해 노력하고 있다는 인터뷰를 여러 번 했습니다. 연기력도 훌륭하지만 이런 인간적인 모습을 보면서 더더욱 좋아하게 됐습니다.

배우 이름	
활동 시기	
대표작	
좋아하는 이유	

왠지 | 출생 | 가난하다 | 부잣집 | 면 | 혈연 | 중요시하다 | OTT(Over The Top) |
현실 | 판타지 | 재난 | 스케일 | 철학적 | 대표적 | 연기력 | 여우주연상

- 콘서트를 보러 간 적이 있습니까?
- 콘서트에 갈 때 무엇을 준비하는 것이 좋습니까?

문법 1

A-다던데 V-ㄴ/는다던데

오늘 카린 씨가 길거리 공연을 한다던데 같이 보러 갈래요?

네, 좋아요.

어떤 사실에 대해 들은 후 그와 관련된 질문을 하거나 자신의 경험이나 의견, 제안 등을 말할 때 사용한다.
'A/V-(ㄴ/는)다고 하던데'를 줄여서 쓰는 표현이다.

오늘 카린 씨가 길거리 공연을 **한다던데**
↓
들은 이야기

같이 보러 갈래요?
↓
제안

• 후기를 보면 사람들은 그 영화가 **재미있다던데** 저는 재미없더라고요.
• 한복을 입고 경복궁에 가면 입장료를 **안 받는다던데** 정말이에요?
• 파비우 씨가 아르바이트를 **그만두었다던데** 이번 기회에 다 같이 놀러 갈까요?
• 일기예보를 보니까 오늘 오후에 비가 **내릴 거라던데** 우산을 가져가세요.
• 한글날이 **공휴일이라던데** 그러면 학교에 안 와도 되나요?

연습

● 문장을 만들어 보세요.

(1) 주말 저녁에 한강에서 야시장이 열리다 / 같이 구경하러 가다

→ _____

(2) 오늘 하루만 마트에서 수박을 10,000원에 팔다 / 같이 사러 가다

→ _____

(3) 공항에서 호텔이 꽤 멀다 / 택시를 타면 얼마나 걸리다

→ _____

1 보기 와 같이 이야기해 보세요.

보기   HTS가 콘서트를 하다, 보다   빨리 예매하지 않으면 매진될 수 있다, 서두르다

HTS가 콘서트를 한다던데 같이 보러 갈래요?

좋아요. 그런데 빨리 예매하지 않으면 매진될 수 있으니까 서두르는 게 좋겠어요.

(1) 유키 씨가 병원에 입원했다, 병문안하다   면회 시간이 정해져 있다, 몇 시까지 면회할 수 있는지 물어보다

(2) 마크 씨가 패션쇼에 나오다, 구경하다   패션쇼는 멋있는 사람들이 많이 오다, 우리도 옷을 잘 차려입다

(3) 첸 씨가 게임 대회에 나가다, 응원하다   게임 규칙을 모르면 재미없다, (　　　　　　)

(4) 서준 씨가 밴드 멤버를 모집하다, (　　　　　　)   어떤 멤버를 찾는지 모르다, 전화해서 물어보다

2 여러분이 들은 소문이 진짜인지 친구와 함께 이야기해 보세요.

한국 사람들은 선풍기를 틀고 자면 죽을 수도 있다고 생각한다.

한국 학생들은 일주일에 1번씩 떡볶이를 먹는다.

강아지는 포도를 먹으면 안 된다.

가수 A와 배우 B가 _____.

？

한국 사람들은 선풍기를 틀고 자면 죽는다고 믿는다던데 정말일까요?

제가 한국 사람에게 들었는데 그렇게 믿는 사람도 있는 것 같아요.

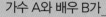
차려입다

문법 2

A/V-네 A/V-네 해도

HTS 콘서트 표가 또 10분 만에 매진됐다면서요?

네, 티켓값이 **비싸네** 공연 시간이 **짧네 해도** HTS 콘서트 표는 금방 매진돼요.

사람들의 여러 의견들을 나열하거나 개인의 여러 불만이나 안 좋은 상황 등을 말할 때 사용한다. 문장의 뒷부분에는 사람들의 의견과 상관없는 결과나 상황, 혹은 여러 의견과 반대되는 의견 등을 쓴다.

티켓값이 **비싸네**	공연 시간이 **짧네 해도**	콘서트 표가 금방 매진돼요.
↓	↓	↓
의견1	의견2	앞의 의견과 상관없는 상황

- 직원들이 월급이 **적네** 회사의 미래가 **어둡네 해도** 그만두는 사람은 한 명도 없어요.
- 경제가 **어렵네 어쩌네 해도** 성공하는 기업은 항상 있다.
- 빨리 졸업을 **해야 하네** 취업을 **해야 하네 해도** 저는 휴학하고 싶어요.
- 싸울 때는 **헤어지네 마네 해도** 저와 가장 잘 맞는 사람은 여자 친구예요.
- 새로 나온 휴대폰이 **별로네 어쩌네 해도** 그 휴대폰을 사려는 사람들이 많다.

연습

◉ 문장을 만들어 보세요.

(1) 룸메이트 / 바쁘다 / 피곤하다 / 매일 하는 운동은 거르지 않다

→ _____

(2) 커피를 마시면 밤에 잠이 안 오다 / 가슴이 두근거리다 / 계속 마시게 되다

→ _____

(3) 그 영화가 폭력적이다 / 내용이 별로 없다 / 사람들에게 큰 인기를 끌고 있다

→ _____

1 보기 와 같이 이야기해 보세요.

보기　저 가수, 가창력이 떨어지다, 춤을 잘 못 추다　　저 가수를 좋아하는 팬들이 많다

저 가수는 가창력이 떨어지는 것 같아요. 춤도 잘 못 추는 것 같고요.

가창력이 떨어지네 춤을 잘 못 추네 해도 저 가수를 좋아하는 팬들이 많아요.

(1) 저 드라마, 배우의 연기가 별로이다, 내용이 너무 단순하다　　　저 드라마가 시청률 1위이다

(2) 와우 전자, 야근이 많다, 복지 혜택이 적다　　　그 회사에 가고 싶어 하는 사람이 많다

(3) 학교 앞 식당, 직원들이 불친절하다, (　　　　　)　　　그 식당을 찾는 사람들이 많다

(4) 이 브랜드의 옷, 디자인이 다양하지 않다, 가격이 비싸다　　(　　　　　　　　)

2 사람들의 말과 행동이 다른 경우에 대해서 이야기해 보세요.

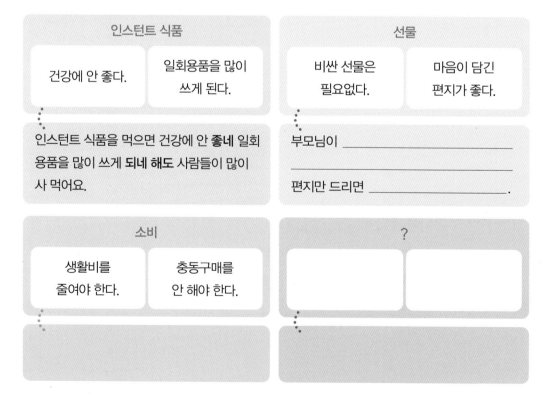

인스턴트 식품

건강에 안 좋다.　　일회용품을 많이 쓰게 된다.

인스턴트 식품을 먹으면 건강에 안 **좋네** 일회용품을 많이 쓰게 **되네 해도** 사람들이 많이 사 먹어요.

선물

비싼 선물은 필요없다.　　마음이 담긴 편지가 좋다.

부모님이 _____
_____
편지만 드리면 _____.

소비

생활비를 줄여야 한다.　　충동구매를 안 해야 한다.

?

120

대화

● 대화를 듣고 따라 읽어 보세요.

엠마 이번에 열리는 HTS 콘서트가 3년 만에 하는 콘서트라서 예매 경쟁이 치열했다던데 어떻게 표를 구했어요?

카린 첸 씨랑 같이 PC방에서 기다리고 있다가 콘서트 티켓 판매를 시작하자마자 바로 예매했어요.

엠마 우와, 대단해요. 팬클럽 회원들이 표를 다 가져가 버려서 표를 못 구하네 티켓 판매 사이트에 문제가 생겨서 예매를 할 수 없네 해도 표를 실제로 구하는 사람이 있네요.

카린 대단하기는요. 운이 좋았을 뿐이에요. 제 생각에 휴대폰으로 안 하고 PC방에서 예매를 해서 표를 구할 수 있었던 듯해요.

엠마 그런데 첸 씨가 갑자기 장염에 걸리다니, 어떡해요? 제가 첸 씨 대신에 콘서트에 가서 저는 너무 좋고 고맙긴 한데 마음이 좀 안 좋아요.

카린 에이, 너무 마음에 두지 마세요. 엠마 씨 때문에 장염에 걸린 것도 아닌데요, 뭘. 우리 가서 재미있게 콘서트 구경해요.

장염 | 마음에 두다

어휘와 표현

1 다음 단어에 대해 알아보고 빈칸에 알맞은 말을 쓰세요.

무대	조명	의상	관객	환호성
무대에 오르다	조명 장치	무대 의상	관객석	환호성을 지르다

(1) (   )   (2) (   )   (3) (   )

(4) (   )   (5) (   )

2 다음 단어와 의미가 맞는 것을 연결하세요.

(1) 선보이다 •

(2) 신비롭다 •

(3) 열광하다 •

(4) 인상적이다 •

(5) 열정적이다 •

     • ㉮ 분위기가 보통의 것과 다르게 신기하고 놀랍다

     • ㉯ 새로운 것을 사람들에게 보여 주다

     • ㉰ 기억에 남을 정도로 느낌이 강하다

     • ㉱ 사람들이 기뻐서 흥분하는 반응을 보이다

     • ㉲ 어떤 일을 좋아해서 열심히 집중하는 마음이 있다

오늘의 표현

N에 (푹) 빠지다

다른 것을 신경 쓰지 못할 정도로 어떤 것을 심하게 좋아하거나 그것에만 집중함을 나타낸다.

- 두 사람은 처음 만난 날, 보자마자 사랑**에 빠지게** 되었다.
- 한국 전통 문화의 신비로운 매력**에 빠져** 한국에 오게 되었다.
- 관객들은 무대 위의 가수들이 선보이는 공연**에 푹 빠져** 눈을 떼지 못했다.

읽고 말하기 1

● 다음은 무엇에 대한 안내입니까?

[예매 안내]
- 본 공연 티켓은 모바일 티켓으로 실물 티켓이 제공되지 않습니다.
- 현장에서 모바일 티켓을 제시하면 입장 팔찌로 교환해 드립니다. 팔찌 착용 후 공연장에 입장해 주시기 바랍니다.
- 모든 티켓은 한정 수량으로 조기 매진될 수 있습니다.

[취소 및 환불]
- 우천 시에도 공연은 진행됩니다.
- 예매한 티켓의 취소 및 환불은 규정에 따라 취소 수수료가 발생합니다.
- 공연 당일 취소 및 환불은 불가합니다.

[유의 사항]
- 입장 팔찌 교환 시, 모바일 티켓과 예매자 신분증을 지참해 주시기 바랍니다.
- 모바일 티켓의 캡처본은 티켓으로 인정되지 않으므로 유의해 주시기 바랍니다.

1 윗글을 읽고 질문에 대답해 보세요.

(1) 공연장에 들어가기 전에 무엇을 해야 합니까?

(2) 언제 공연 티켓을 환불할 수 없습니까?

(3) 공연장에 갈 때 무엇을 가지고 가야 합니까?

(4) 여러분은 인터넷으로 공연 티켓을 예매해 본 적이 있습니까? 어떤 점이 어려웠습니까?

본 | 실물 | 현장 | 한정 | 수량 | 조기 | 우천 | 지참하다 | 유의하다

◉ 다음은 엠마의 공연 후기입니다.

내 인생의 첫 K-Pop 콘서트

　　며칠 전 K-Pop 콘서트를 처음 보고 왔다. 공연장 입구에 도착하자 기념품 판매 부스가 눈에 띄었는데 사인이 담긴 기념품, 응원봉 등을 구매하려고 많은 팬들이 줄을 서 있었다. 같이 간 친구가 거기에서 응원봉을 사길래 나도 따라서 하나 샀다. 친구는 집에 다른 응원봉이 있긴 하지만 콘서트 때마다 응원봉 디자인이 조금씩 달라지기 때문에 하나씩 모으는 재미가 있어서 응원봉을 매번 산다고 했다.

　　콘서트가 시작되었고 화려한 조명이 관객석을 비추자 신비로운 음악과 함께 공연 의상을 입은 아이돌 멤버들이 무대로 등장하며 멋진 노래와 댄스를 선보였다. 무대는 빛과 음악 그리고 멤버들의 열정으로 가득 찼다. 나를 비롯해 모든 팬들은 무대에서 보여지는 멤버들의 매력에 푹 빠져 소리를 질렀다.

　　사실 무대 위의 공연도 대단했지만 팬들의 열광하는 모습이 더 인상적이었다. 가수가 노래를 부를 때 팬들이 열정적으로 따라서 노래하는 모습에 감동을 받았다. 세계에서 가장 큰 합창 공연을 보는 느낌이었다. 멤버들은 콘서트 중간중간 관객들과 이야기를 나누었는데 오랜 동네 친구와 이야기를 하는 것처럼 친밀감이 느껴져서 좋았다. 모든 공연이 끝나고 멤버들이 관객석을 향해 고개를 숙이며 감사의 인사를 전하고 무대 뒤로 사라졌다. 하지만 팬들은 아쉬운 마음에 앵콜을 외쳤다. 목이 터지도록 앵콜을 외치자 멤버들이 다시 나왔고 우리들은 환호성을 질렀다. 멤버들은 노래를 한 곡 더 부르고 마지막 인사를 했다.

　　어떤 사람은 같은 콘서트를 여러 번 보기도 한다던데 왜 여러 번 보는지 이해가 갈 만큼 너무 신나는 공연이었다. 콘서트 티켓이 비싸네 무대가 멀어서 얼굴이 잘 안 보이네 해도 K-Pop을 좋아하는 사람이라면 꼭 한 번쯤 콘서트를 가 보는 것을 추천하고 싶다.

1 질문에 대답하세요.

(1) 엠마는 공연장에 도착해서 무엇을 샀습니까?

(2) 엠마는 공연장에서 무엇을 인상 깊게 봤습니까?

(3) 가수들은 왜 다시 무대에 나왔습니까?

2 여러분의 생각을 이야기해 보세요.

(1) 인터넷으로 공연을 보는 것과 공연장에서 공연을 보는 것에는 어떤 차이가 있습니까?

(2) 나라마다 공연 문화나 공연 분위기가 다르다고 생각합니까?

(3) 같은 영화나 드라마, 공연 등을 여러 번 본 경험이 있습니까?

○ 콘서트나 뮤지컬, 연극 공연 등을 본 경험을 메모하고 소개해 보세요.

제목	HTS 크리스마스 콘서트	
일시	2023년 12월 24일 6시	
장소	잠실 야구장	
내용 및 소감	• 3년 만에 하는 콘서트 • 게스트로 '아이뷰'가 와서 노래를 2곡 불렀음. 생각보다 노래 잘함. • 미리 노래를 외워 가서 관객들과 같이 노래를 불렀음. • 재미있고 신났음. 좋아하는 가수를 직접 봐서 신기했음.	

부스 | 사인 | 매번 | 비추다 | 매력 | 합창 | 친밀감 | 앵콜 | 외치다

10-3 한 단계 오르기

생각해 봅시다

◎ 다음 어휘와 문법 중 잘 이해하고 있는 것에 표시(✔)하세요.

☐ 장면	☐ 소재	☐ 의상
☐ 관객	☐ 환호성	☐ 시청률
☐ 괴롭히다	☐ 복수하다	☐ 방영되다
☐ 신비롭다	☐ 열광하다	☐ 열정적이다

☐ **한국 드라마치고** 사랑 이야기가 없는 드라마는 별로 없다.

☐ 두 사람은 사랑했지만 부모님의 반대로 결국 **헤어지고 말았다.**

☐ 김형빈이 이번 주말 드라마에서 **남자 주인공을 맡았다.**

☐ HTS가 콘서트를 **한다던데** 같이 보러 갈래요?

☐ 티켓값이 **비싸네** 공연 시간이 **짧네 해도** HTS 콘서트 표는 금방 매진된다.

☐ 요즘 힙합 음악에 푹 빠져서 버스를 탈 때마다 힙합 음악을 듣곤 해요.

◎ 아래의 문장을 보고 보기 와 같이 이야기해 보세요.

이런 곳에서 우연히 만나다니, 정말 신비롭네요.

보기

이 문장에서 신비롭다는 말이 좀 이상하지 않아요?

'신비롭다'는 분위기를 표현할 때 더 많이 쓰니까 이 문장에 안 맞는 것 같아요. 이런 상황에서는 놀라움을 강조하는 '신기하다'를 써야 훨씬 자연스러울 것 같아요.

1 다음 중 단어가 어색하게 쓰인 문장이 없는지 친구와 이야기해 보세요.

(1) 벌레를 싫어하는 동생은 바퀴벌레를 보고 깜짝 놀라서 환호성을 질렀다.

(2) 자신을 괴롭힌 친구들에게 복수하는 내용의 드라마가 화제가 되고 있다.

(3) 집에서 입으려고 샀는데 이 의상 편해 보이지?

(4) 요즘 TV에서 방영되고 있는 손현진 주연의 드라마가 많은 관객들에게 인기를 끌고 있다.

(5) 그룹 G-타이거가 땀을 흘리면서 공연하는 열정적인 모습에 반해서 팬이 되었어요.

2 다음 중 문법이나 표현이 어색하게 쓰인 문장이 없는지 친구와 이야기해 보세요.

(1) 기름이 많은 인스턴트 식품치고 건강에 좋은 음식이 많아요.

(2) 여자 주인공과 남자 주인공은 사랑했지만 결국 헤어지고 말았다.

(3) 열심히 돈을 벌어서 지난달에 그동안 사고 싶었던 차를 사고 말았어요.

(4) 아이돌 출신 손현진이 이번 드라마에서 여자 주인공을 맡는다던데 정말이에요?

(5) 간장 떡볶이는 맵지 않다던데 같이 먹으러 갈래요?

(6) 회사가 지하철역에서 머네 야근이 많네 해도 직원들이 많이 퇴사한다.

(7) 한국 음식의 매력을 푹 빠져 버려서 한국에 오게 됐습니다.

3 아래 그림을 보고 배운 문법과 표현을 사용해서 짧은 이야기를 만들어 보세요.

카린은 K-Pop 댄스에 빠져서 댄스 학원에 등록했다.

_____

_____

_____

_____ 두 사람은 결국 헤어지고 말았다.

어휘 늘리기

● 다음은 영화, 드라마와 관련된 표현입니다. 다음 단어에 대해 알아보고 친구와 함께 질문에 대답해 보세요.

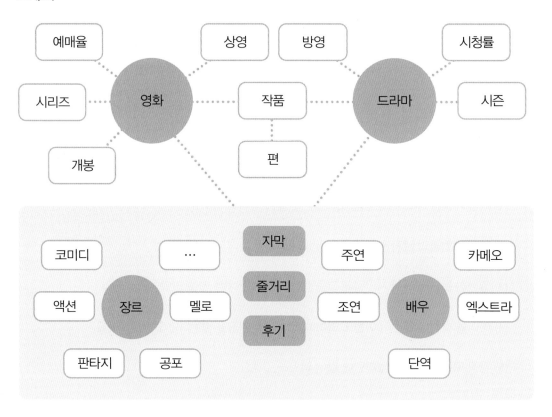

• 좋아하는 장르와 좋아하지 않는 장르에 대해 이야기해 보세요.

• 재미있게 본 영화가 있습니까? 그 영화의 개봉 시기, 장르, 출연 배우 등을 소개해 주세요.

• 여러분 나라에서 인기 있었던 한국 영화나 한국 드라마가 있습니까?

• 주연이 아닌 배우 중에서 인상 깊었던 배우가 있습니까?

1 다음 속담에 대해 알아보세요.

내가 더 커!

아냐! 내가 더 커!

> 가는 날이 장날
> 도토리 키 재기
> 믿는 도끼에 발등 찍힌다
> 고래 싸움에 새우 등 터진다
> 콩 심은 데 콩 나고 팥 심은 데 팥 난다

(1) (   ): 모든 일은 원인에 따라 결과가 나옴.

(2) (   ): 어떤 일을 하려고 하는데 생각하지 못한 일이 생김.

(3) (   ): 믿었던 사람이 배신하거나 잘될 거라 생각한 일이 실패함.

(4) (   ): 강한 사람들의 싸움 때문에 상관없는 약한 사람이 피해를 봄.

(5) (   ): 뛰어나지 않고 서로 비슷한 대상이라 비교할 필요가 없음.

2 빈칸에 알맞은 말을 써 보세요.

(1) 가 가수 A가 매니저한테 사기를 당해서 3년 동안 번 돈이 한 푼도 없다던데요.

나 (   )고 가까운 사람이라도 너무 믿으면 안 될 것 같아요.

(2) 가 저 가수는 부모님이 두 분 다 유명했던 가수라고 하더니 진짜 노래를 잘하네요.

나 (   )고 부모님의 노래 실력을 그대로 물려받은 것 같아요.

(3) 가 열흘 동안 비가 한 방울도 안 내렸는데 오늘따라 폭우가 쏟아지네.

나 그러게. 오늘 콘서트는 야외에서 열리는데 (   )(이)라더니 비가 많이 내려서
    큰일이네.

(4) 가 에휴, 이번에 우리 회사에서 제작한 드라마 시청률이 10% 정도는 될 줄 알았는데 2.2%야.
    너희 회사 드라마는 우리보다는 낫지?

나 낫기는 뭘. 우리 드라마도 2.4%야. (   )지.

(5) 가 주연 배우들이 서로 싸워서 드라마 촬영이 5시간 동안 중단되었다면서요?

나 네, 말도 마세요. (   )고 다른 배우들과 스태프들이 촬영장에서 계속
    기다리느라 많이 힘들어했어요.

- 가는 날이 장날이었던 적이 있습니까?
- 다른 사람들의 갈등 때문에 피해를 입은 적이 있습니까?

실전 말하기

대사 말하기

● 다음 대본을 보고 연기해 보세요.

> **줄거리:** 집에 돌아온 도연은 엄마에게 자신이 친딸이 아니냐고 묻는다. 엄마는 도연이 아빠가 결혼 전에 만났던 여자의 딸이라는 사실을 밝힌다. 엄마도 그 당시에는 배신당한 기분이었지만 도연이 예뻐서 키우게 되었다고 말한다.

집에 급하게 들어온 도연, 엄마를 찾는다.

엄마   (밝은 목소리로) 우리 딸, 이 시간에 웬일이야? 일찍 들어왔네.

도연   (화난 목소리로) 엄마, 나 엄마 딸 아니야?

엄마   (당황하여) 뭐? 그... 그게 무슨 소리야?

도연   방금 정우 씨 어머니를 만났는데 내가 (울먹이면서) 정우 씨 어머니 딸이래. 이게 무슨 상황인지 모르겠어.

엄마   (너무 놀라서 들고 있던 물건을 떨어뜨린다.)

도연   엄마, 빨리 말해 봐.

엄마   그게 사실은... 아빠가 엄마와 결혼 전에 만나던 여자가 있었대. 그런데 어느 날 그 여자가 결혼한다면서 네가 아빠 딸이니까 키우라고 하고 가 버렸대. 아빠가 너를 데리고 온 날, 그때는 정말 믿는 도끼에 발등 찍히는 기분이었어.

도연   (황당해하며) 뭐라고? (떨리는 목소리로) 그럼 그때 그 여자가 정우 씨 어..머니?

엄마   그건 나도 모르겠어. (고개를 돌리며) 난 만나 본 적이 없으니까. 엄마도 처음에는 너를 못 키운다고 했는데 나를 보면서 환하게 웃는 너를 돌려 보낼 수 없었어. (흐느끼며) 일찍 말해 주지 못해서 미안해, 도연아.

도연   엄마, 나 지금 너무 머리가 복잡하고 슬퍼. 난 지금 정우 씨 만나러 나갈 테니까 엄마는 정우 씨 어머니 좀 만나 봐.

● 다음의 줄거리를 읽고 대화를 완성해 보세요.

줄거리: 카페에 들어온 서진은 음료 주문을 하는데 직원(도진)의 손목에서 2개의 십자가가 그려진 타투를 발견한다. 서진은 도진에게 어렸을 때 살았던 동네와 어린 시절의 기억에 대해 물어본다. 대답을 들은 서진은 자신의 팔목을 보여 준다. 도진은 같은 모양의 타투를 보고 깜짝 놀란다. 가정 형편이 어려운 탓에 아빠가 보육원에 아들들을 맡겼는데 헤어지더라도 나중에 찾을 수 있도록 타투를 팔목에 남겼다고 한다. 몇 년 후에 아빠가 보육원에서 서진은 찾았는데 어린 도진은 입양을 가서 찾을 수 없었다고 한다. 서진은 드디어 동생을 찾았다면서 눈물을 흘린다.

서진   (신용 카드를 건네며) 저 파인애플 주스 하나 주세요.

도진   네, 카드 받았습니다. (도진의 손목에 2개의 십자가가 그려진 타투가 보인다.)

서진   _____

도진   _____

서진   _____

도진   _____

서진   _____

도진   _____

서진   _____

도진   _____

실전 쓰기

감상문

◉ 소설이나 영화 등을 보고 개인적인 생각과 느낌 등을 자유로운 형식으로 쓰기

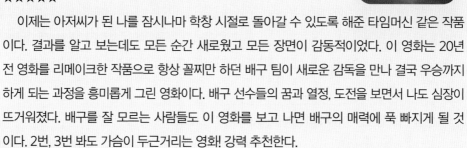

> [보기]
>
> **영화 제목**: 우리들의 첫 번째 우승
>
> **상영 시간**: 120분
>
> **장르**: 드라마
>
> **감독**: 한봉준
>
> **출연**: 연경아, 방시경, 장훈, 손강호, 백우민
>
> ★★★★★
>
> 이제는 아저씨가 된 나를 잠시나마 학창 시절로 돌아갈 수 있도록 해준 타임머신 같은 작품이다. 결과를 알고 보는데도 모든 순간 새로웠고 모든 장면이 감동적이었다. 이 영화는 20년 전 영화를 리메이크한 작품으로 항상 꼴찌만 하던 배구 팀이 새로운 감독을 만나 결국 우승까지 하게 되는 과정을 흥미롭게 그린 영화이다. 배구 선수들의 꿈과 열정, 도전을 보면서 나도 심장이 뜨거워졌다. 배구를 잘 모르는 사람들도 이 영화를 보고 나면 배구의 매력에 푹 빠지게 될 것이다. 2번, 3번 봐도 가슴이 두근거리는 영화! 강력 추천한다.

관람객 한 줄 후기

★★★☆☆	단순한 줄거리, 뻔히 아는 내용이지만 이를 뛰어넘는 연출과 분위기.
★★★★★	말이 필요 없습니다. 그냥 보세요. 기대 이상이에요.
★☆☆☆☆	90% 아는 내용을 돈 주고 영화관에서 보다니, 돈이 아깝다.
★★★★★	OST가 정말 감동적임. 듣는 내내 눈물이 줄줄 났음.
★★★★★	이 배우들을 한 작품에서 보다니! 그것만으로도 충분!!!
★★★★★	후기를 남겨 본 적이 없는데 남긴다. 역시 믿고 보는 감독! 최고다!

◉ 글의 구성

시작	전체적인 감상평이나 감상하게 된 이유
중간	소재, 줄거리, 등장인물 등 소개
	가장 기억에 남는 장면
끝	추천(비추천)하고 싶은 이유나 감상 요약

1 지금까지 봤던 영화, 드라마를 떠올리며 짧게 1~2줄의 후기를 써 보세요.

제목	평점	감상평
	☆☆☆☆☆	
	☆☆☆☆☆	
	☆☆☆☆☆	

2 위의 작품 중 한 작품을 골라 짧게 정리해 보세요.

제목 : _____

(1) 영화에 대한 전체적인 감상평이나 영화를 보게 된 이유를 쓰세요.

_____

_____

(2) 어떤 줄거리입니까?

_____

_____

(3) 어떤 사람에게 이 영화를 추천하고 싶습니까?

_____

_____

타임머신 | 리메이크 | 배구 | 강력

CHAPTER

11

동물

- 가장 좋아하는 동물은 무엇입니까?
- 반려동물을 키워 본 경험이 있습니까?

문법 1

A/V-아/어서 그러는데

고향에 다녀오는 동안 강아지를 맡길 데가 없어서 그러는데 며칠만 맡아 줄 수 있어요?

네, 좋아요. 고향에 얼마 동안 갔다 올 거예요?

💡 상대에게 무엇을 부탁하거나 허락을 구하고자 하는 경우에 그것을 청하게 된 이유나 배경을 설명하며 말할 때 사용한다. 부드러운 말투의 구어 표현이다.

강아지를 맡길 데가 **없어서 그러는데**	며칠만 맡아 줄 수 있어요?
↓	↓
이유나 배경	부탁, 허락을 구하는 내용

- 짐이 너무 **많아서 그러는데** 미안하지만 같이 들어 줄래요?
- 교실이 많이 **추워서 그러는데** 창문 좀 닫아도 될까요?
- 집에 지갑을 **놓고 와서 그러는데** 돈 좀 빌려줄 수 있어요?
- 제가 **외국인이라서 그러는데** 천천히 말씀해 주셨으면 합니다.

연습

● 문장을 만들어 보세요.

(1) 제가 요리에 서투르다 / 옆에서 좀 가르쳐 주다

→ _____

(2) 목소리가 잘 안 들리다 / 좀 크게 말씀해 주시다

→ _____

(3) 휴대폰 배터리가 나가다 / 가게에서 충전해도 되다

→ _____

활동

1 보기 와 같이 이야기해 보세요.

보기 고양이가 너무 귀엽다, 간식 좀 주다   방금 전에 먹다, 지금은 안 주는 게 좋다

고양이가 너무 귀여워서
그러는데 간식 좀 줘도
돼요?

방금 전에 먹어서 지금은
안 주는 게 좋을 것 같아요.

(1) 다리가 아프다, 천천히 가다   기차 시간이 얼마 안 남다, 빨리 가야 하다

(2) 방이 좁다, 거실에서 요가를 하다   친구가 오기로 하다, 방에서 하는 게 더 좋다

(3) 오전에 일이 있다, (   )   다른 사람들도 그 시간에 오기로 하다,
                                         약속 시간을 바꾸기 어렵다

(4) 발표 자료 준비가 덜 되다, 주말까지 주다   (   ), 오늘까지 주는 게 좋다

2 다음과 같은 상황에서 호텔 직원에게 어떻게 부탁해야 할지 이야기해 보세요.

갑자기 인원이 한 명 늘어서
그러는데 지금 침대를
추가할 수 있나요?

그럼요, 침대를 추가해
드리겠습니다.

갑자기 인원이 한 명 늘다	가까운 방으로 잡다
냄새에 민감하다	지금 침대를 추가하다
101호 예약자와 일행이다	짐만 먼저 맡다
체크인 시간 전에 도착할 것 같다	조식을 30분 일찍 먹다
내일 아침 일찍 출발해야 하다	금연 객실로 주다
?	?

문법 2

V-느니

다음 주부터 당분간 주말에 출근하래요.

주말에도 일하느니 차라리 평일에 야근하는 게 낫겠어요.

앞의 내용이나 뒤의 내용을 선택하는 것이 모두 만족스럽지 않지만 뒤의 행위를 하는 것이 더 낫다는 의미를 나타낼 때 사용한다. 뒤에 오는 행위를 실제로 하고 싶은 것이 아니라 그만큼 앞의 상황이 마음에 들지 않음을 강조하여 나타낸다.

주말에도 **일하느니**	차라리 평일에 야근하는 게 낫겠어요.
↓	↓
만족스럽지 않은 행위	만족스럽지 않지만 더 나은 행위

- 애인과 매일 **싸우느니** 차라리 헤어지는 게 낫겠다.
- 부모님께 **거짓말하느니** 아예 솔직하게 말하고 혼나는 게 낫겠어요.
- 힘들게 음식을 **만드느니** 돈이 더 들어도 배달시키는 게 어때요?
- 시험 전에 밤을 **새우느니** 바빠도 매일 조금씩 공부하지 그래요?

연습

◉ 문장을 만들어 보세요.

(1) 마음에 안 드는 옷을 입다 / 어제 입은 옷을 또 입다

→ _____

(2) 회사에서 이렇게 인정을 못 받고 지내다 / 이직하다

→ _____

(3) 강아지를 안 친한 친구에게 맡기다 / 애견 호텔에 맡기다

→ _____

1 보기 와 같이 이야기해 보세요.

보기 밤에 자려고 해도 잠이 잘 안 오다   억지로 자려고 애쓰다, 일어나서 책이라도 보다

> 밤에 자려고 해도 잠이 잘 안 와요.

> 억지로 자려고 애쓰니 차라리 일어나서 책이라도 보는 게 어때요?

(1) 인터넷으로 신발을 주문하면 배송이 1주일 걸리다   그렇게 오래 기다리다, 귀찮더라도 직접 매장에 가서 사다

(2) 부모님과 정치 이야기를 하면 의견이 안 맞아서 답답하다   서로 답답해하다, 화제를 바꿔서 이야기하다

(3) 지난주에 수리한 휴대폰이 또 고장났다   (   ), 새로 구매하다

(4) 요즘 아르바이트 때문에 힘든데 친구들이 저녁에 만나자고 하다   무리해서 만나다, (   )

2 다음에서 정말 피하고 싶은 상황은 무엇입니까? 친구들과 이야기해 보세요.

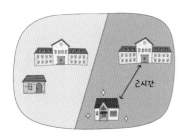

| 오래되어 낡은 집 | 학교에서 2시간 걸리지만 깨끗한 집 |

> 오래되어 낡은 집에 사느니 학교에서 멀더라도 깨끗한 집에 사는 게 낫겠어요. 오래된 집은 여기저기 고장도 잘 나고 불편할 것 같아요.

서울에서 부산까지 5시간 운전해서 가다	비싸도 KTX를 타다
주사를 맞다	아픈 걸 계속 참다
집에서 하루 종일 시간을 보내다	날씨가 더워도 나가서 운동을 하다
산낙지를 먹다	순대를 먹다
?	

대화

● 대화를 듣고 따라 읽어 보세요.

Track 21

엠마   제가 강아지 간식을 <mark>사야 해서 그러는데</mark> 잠깐만 기다려 줄 수 있어요?

파비우   강아지 간식이요? 엠마 씨, 강아지도 키워요?

엠마   아니요. 사실은 지금 첸 씨의 강아지를 돌봐 주고 있거든요. 고향에 다녀
오는 동안 강아지를 맡아 달라고 부탁하길래 그러겠다고 했어요.

파비우   그랬군요. 그런데 이렇게 간식까지 사 주는 걸 보니 엠마 씨도 강아지를 정말
예뻐하나 봐요.

엠마   예뻐하기는 하는데 그것보다 걱정이 돼서요. 우리 집에 온 후로 이틀 동안
밥을 안 먹고 있어요. 밥을 먹기만 <mark>기다리느니</mark> 간식이라도 사 주는 게 낫겠다는
생각이 들어서요.

파비우   아이고. 혹시 첸 씨가 자기를 버리고 떠났다고 생각하는 건 아닐까요?

엠마   저도 그런 생각이 들더라고요. 오늘은 첸 씨와 영상 통화라도 해 보려고요.

어휘와 표현

1 다음 단어에 대해 알아보고 빈칸에 알맞은 말을 쓰세요.

> 주인 　　 반려동물 　　 사료 　　 목줄 　　 배변 봉투

(1) (　　　　　　) 　　 (2) (　　　　　　) 　　 (3) (　　　　　　)

(4) (　　　　　　) 　　 (5) (　　　　　　)

2 다음 단어와 의미가 맞는 것을 연결하세요.

(1) 물다 　　 • 　　　　　 • ㉮ 눈치가 빠르고 똑똑하다

(2) 할퀴다 　　 • 　　　　　 • ㉯ 성질이나 행동이 부드럽지 않고 공격적이다

(3) 사납다 　　 • 　　　　　 • ㉰ 성질이나 태도가 고집스럽지 않고 부드럽다

(4) 순하다 　　 • 　　　　　 • ㉱ 손발톱이나 날카로운 것으로 긁어서 상처를 내다

(5) 영리하다 　 • 　　　　　 • ㉲ 윗니와 아랫니 사이에 무엇을 넣고 상처가 날 만큼 세게 누르다

오늘의 표현

N(에) 못지않게

무엇과 비교했을 때 그 정도나 수준이 부족하지 않음을 나타낸다.

- 우리 집 고양이는 강아지 **못지않게** 애교가 많다.
- 진돗개는 사람 **못지않게** 영리해서 주인의 말을 잘 알아듣는다.
- 반려동물을 교육할 때 무는 것 **못지않게** 할퀴지 못하게 하는 것도 중요하다.

듣고 말하기 1

● 공원에서 반려동물과 산책하는 사람들을 본 적이 있나요?

Track 22

1 다음을 듣고 대답해 보세요.

(1) 카린과 엠마는 왜 벤치가 있는 쪽으로 갔습니까?

(2) 강아지 주인은 엠마의 부탁을 들어줬습니까? 그 이유는 무엇입니까?

(3) 반려동물과 산책할 때는 무엇에 신경을 써야 합니까?

새끼

듣고 말하기 2

Track 23

1 다음 대화를 잘 듣고 질문에 답하세요.

(1) 여자의 손등에 상처가 난 이유는 무엇입니까?

(2) 여자는 왜 고양이 키우는 것을 망설였습니까?

(3) 남자의 부모님이 반려동물 키우는 것을 반대한 이유는 무엇입니까?

2 여러분의 생각을 이야기해 보세요.

(1) 키우고 싶은 반려동물이 있습니까? 그 이유는 무엇입니까?

(2) 반려동물을 키울 때 어떤 점을 주의해야 합니까?

(3) 반려동물을 키우는 사람들이 늘어나는 이유가 무엇이라고 생각합니까?

(4) 반려동물이 가족을 대신할 수 있다고 생각합니까?

● 위험에 빠진 주인을 구한 반려동물의 이야기를 들어 본 적이 있습니까? 아래와 같이 반려동물과 관련된 사례를 소개해 보세요.

> 얼마 전에 TV에서 주인의 목숨을 구한 개에 대한 이야기를 봤어요. 바람이 심하게 부는 날이었는데 갑자기 개가 밭에서 일하고 있는 주인 아저씨의 바지를 물기 시작했대요. 그래도 아저씨가 신경 쓰지 않고 일을 하자 멍멍 짖으며 평소와 다른 행동을 했다고 해요. 개가 바지를 물고 시끄럽게 짖는 바람에 일을 더 못 하고 자리를 옮겼는데 바로 그때 뒤에 있던 큰 나무가 아저씨 옆으로 떨어졌대요. 주인에 대한 개의 충성심이 정말 대단한 것 같아요.

저는 _____ 에서 _____ 에 대한 이야기를 봤어요.

_____

_____

_____

_____

손등 | 망설이다 | 털 | 활력 | 야옹 | 알아차리다 | 곁 | 비비다 | 조르다 | 목숨 | 멍멍 | 충성심

11-2 사람들의 인식이 바뀌지 않는 한 유기 동물 문제는 해결되지 않을 거예요

- 집 없이 길에서 사는 동물을 본 적이 있습니까? 왜 길에서 살게 되었을까요?
- 동물들에게 행복한 삶이란 어떤 것이라고 생각합니까?

문법 1

V-는 한

한국어 공부가 끝나면 한국에서 취직하고 싶은데 가능할까요?

그럼요, 열심히 노력하는 한 꿈을 이룰 수 있을 거예요.

앞에서 말하는 내용이 뒤에 오는 일의 필수적인 전제나 조건이 됨을 강조하여 말할 때 사용한다. 긍정적이거나 부정적인 내용을 모두 쓸 수 있으며 'V-지 않는 한'의 형태로도 많이 쓴다.

열심히 **노력하는 한**	꿈을 이룰 수 있을 거예요.
열심히 **노력하지 않는 한**	꿈을 이룰 수 없을 거예요.
↓	↓
전제, 조건	가정하는 상황

- 반려동물과 함께 **사는 한** 외로울 일은 없을 거예요.
- 아침을 잘 챙겨 **먹는 한** 건강이 나빠질 일은 없어요.
- 중간에 **포기하지 않는 한** 시험에 합격할 수 있을 거예요.
- 상대방에게 솔직하게 **이야기하지 않는 한** 오해를 풀 수 없을 것이다.

연습

◉ 문장을 만들어 보세요.

(1) 발표 연습을 많이 하다 / 실수하지 않다

→ _____

(2) 바른 자세를 유지하다 / 허리가 아파서 병원에 가는 일은 없다

→ _____

(3) 새벽에 자는 습관을 고치지 않다 / 아침에 일찍 일어날 수 없다

→ _____

활동

1 보기 와 같이 이야기해 보세요.

> 보기 강아지를 잘 키우다   강아지를 사랑하는 마음을 가지고 있다

어떻게 하면 강아지를
잘 키울 수 있을까요?

강아지를 사랑하는 마음을
가지고 있는 한 잘 키울
수 있을 거예요.

(1) 친구가 어려움을 극복하다   포기하지 않도록 옆에서 응원해 주다

(2) 그 일을 잘하다   최선을 다해 노력하다

(3) 행복하게 살다   (   )

(4) 그 가수가 사람들에게 인기를 얻다   (   )

2 친구와 다른 생각을 가지고 있지는 않습니까? 다음과 같이 자신의 의견을 이야기해 보세요.

한국어를 많이 듣다 보면
자연스럽게 한국어를
잘하게 되겠지?

글쎄, 말하기 연습을 같이
하지 않는 한 한국어 실력은
늘지 않을 거야.

친구 의견	내 의견
한국어를 많이 듣다 보면 자연스럽게 한국어를 잘하게 된다.	말하기 연습을 같이 해야 한다.
저출산 현상이 계속되면 대학 입학을 위한 경쟁도 줄어든다.	입시 제도가 바뀌어야 한다.
캠페인을 많이 하면 버려지는 동물들이 줄어든다.	동물 보호법을 강화해야 한다.
그 사람도 내가 자기를 좋아한다는 것을 안다.	

강화하다 | 제도

148

문법 2

V-(으)ㄹ 겸 (하다)

엠마 씨, 점심 먹고 같이 한강에 가지 않을래요?

오늘은 커피도 마실 겸 공부도 할 겸 해서 커피숍에 가려고요.

어떤 행동을 하는 데에 두 가지 이상의 목적이 있음을 나타낼 때 사용한다. 앞에서 목적을 밝히고 뒤에서 그 목적을 이루기 위해 하는 행동을 말한다.

커피도 마실 겸 공부도 할 겸 해서 → 목적

커피숍에 가려고요. → 목적을 이루기 위해 하는 행동

- 강아지 용품도 **살 겸** 미용도 **맡길 겸 해서** 동물 병원에 다녀왔어요.
- 책도 **빌릴 겸** 공부도 **할 겸** 오후에 도서관에 가려고 한다.
- 경험도 **쌓을 겸 해서** 한국에 유학을 왔어요.
- 돈도 **벌 겸** 편의점에서 아르바이트를 하고 있다.

N 겸 N

어떤 대상이 두 가지 이상의 기능이나 자격 등을 모두 가지고 있을 때 사용한다.

- 집이 좁아서 이 상을 **식탁 겸 책상**으로 쓰고 있어요.
- 그 사람은 **감독 겸 배우**로 자신의 작품에 직접 출연하기도 한다.

연습

● 문장을 만들어 보세요.

(1) 여행을 하다 / 친구를 만나다 / 강릉에 가려고 하다

→ _____

(2) 기분 전환을 하다 / 옷을 사다 / 백화점에 다녀오다

→ _____

(3) 아침 / 점심 / 김밥을 먹다

→ _____

1 보기 와 같이 이야기해 보세요.

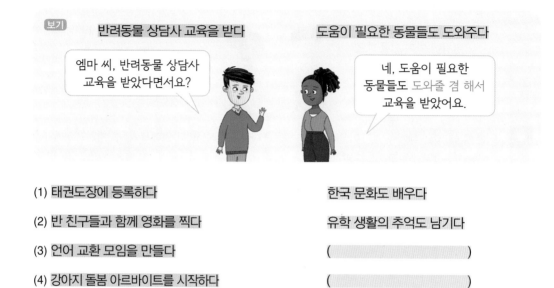

보기

반려동물 상담사 교육을 받다

도움이 필요한 동물들도 도와주다

엠마 씨, 반려동물 상담사 교육을 받았다면서요?

네, 도움이 필요한 동물들도 도와줄 겸 해서 교육을 받았어요.

(1) 태권도장에 등록하다　　　　　　　　　한국 문화도 배우다

(2) 반 친구들과 함께 영화를 찍다　　　　　유학 생활의 추억도 남기다

(3) 언어 교환 모임을 만들다　　　　　　　(　　　　　　　　　　　　)

(4) 강아지 돌봄 아르바이트를 시작하다　　(　　　　　　　　　　　　)

2 사람들은 무엇을 하기 위해 아래의 장소에 갑니까? 다음과 같이 이야기해 보세요.

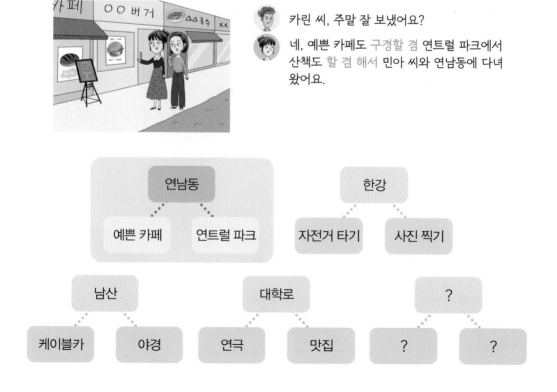

카린 씨, 주말 잘 보냈어요?

네, 예쁜 카페도 구경할 겸 연트럴 파크에서 산책도 할 겸 해서 민아 씨와 연남동에 다녀왔어요.

연남동
　예쁜 카페　　연트럴 파크

한강
　자전거 타기　　사진 찍기

남산
　케이블카　　야경

대학로
　연극　　맛집

?
　?　　?

대화

● 대화를 듣고 따라 읽어 보세요.

엠마   빈 씨, 지난번에 올린 영상 잘 봤어요. 빈 씨가 추천해 준 대로 이번 주말에는 한복도 **입어 볼 겸** 궁도 **구경할 겸** 친구들과 경복궁에 가 보려고요.

빈   영상 봐 줘서 고마워요. 경복궁 옆에 서촌도 볼 게 많으니까 시간이 되면 들러 보세요.

엠마   네, 그럴게요. 그런데 다음에 올릴 영상은 뭐예요?

빈   사실 얼마 전에 배가 고파서 울고 있는 고양이를 본 뒤로 요즘 계속 사료를 주고 있거든요. 고양이가 너무 예뻐서 소개 영상을 찍고 싶긴 한데 길고양이 한테 사료 주는 것을 싫어하는 사람도 많다고 해서 고민이에요.

엠마   맞아요. 계속 밥을 주니까 동네에 길고양이들이 늘어난다고 화를 내는 사람 들도 있잖아요.

빈   그래도 저는 이사를 **가지 않는 한** 계속 밥을 챙겨 줄 생각이에요.

길고양이

어휘와 표현

1 다음 단어에 대해 알아보고 빈칸에 알맞은 말을 쓰세요.

복지	교감	사회성	실종	제보
동물 복지	교감을 나누다	사회성이 높다	실종 신고	제보하다

사람이나 동물이 어디로 갔는지 모르게 됨	서로의 감정이나 생각을 느낌	편안하고 행복하게 살 수 있는 상태

(1) (   )   (2) (   )   (3) (   )

정보를 줌	집단이나 무리에서 잘 어울려 지내려고 하는 성질

(4) (   )   (5) (   )

2 다음 단어와 의미가 맞는 것을 연결하세요.

(1) 학대하다 •   • ㉮ 죄나 잘못이 있는 사람을 벌주다

(2) 처벌하다 •   • ㉯ 보살피거나 관리하지 않고 내다 버리다

(3) 외면하다 •   • ㉰ 마주하는 것이 불편해서 무엇을 피하거나 무시하다

(4) 유기하다 •   • ㉱ 다른 대상을 정신적 또는 육체적으로 심하게 괴롭히다

(5) 입양하다 •   • ㉲ 직접 낳지 않은 아이를 자식으로 삼거나 동물을 함께 살 가족으로 받아들이다

오늘의 표현

(N은/는) N을/를 반영하다

한 대상이 다른 대상의 영향을 받아서 어떤 현상을 나타낸다.

- 동물 보호법은 동물 보호 단체의 의견을 **반영하여** 만들어졌다.
- 동물 복지와 관련된 기사의 증가**는** 동물에 대한 사람들의 관심을 **반영한다.**
- 동물의 이름은 개구리처럼 그 동물이 내는 소리**를 반영하여** 만드는 경우가 있다.

읽고 말하기 1

● '동물의 5대 자유'에 대해서 알고 있나요?

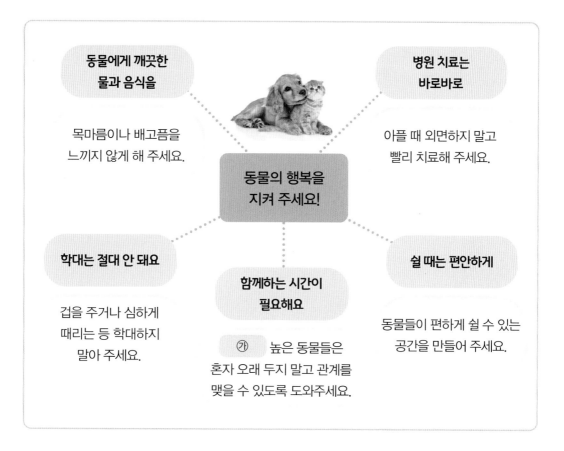

동물의 행복을 지켜 주세요!

동물에게 깨끗한 물과 음식을
목마름이나 배고픔을 느끼지 않게 해 주세요.

병원 치료는 바로바로
아플 때 외면하지 말고 빨리 치료해 주세요.

학대는 절대 안 돼요
겁을 주거나 심하게 때리는 등 학대하지 말아 주세요.

함께하는 시간이 필요해요
㉮ 높은 동물들은 혼자 오래 두지 말고 관계를 맺을 수 있도록 도와주세요.

쉴 때는 편안하게
동물들이 편하게 쉴 수 있는 공간을 만들어 주세요.

1 윗글을 읽고 질문에 대답해 보세요.

(1) ㉮에 알맞은 말은 무엇입니까?

(2) 동물이 느끼는 목마름이나 배고픔을 해결해 주기 위해 무엇을 해야 합니까?

  • 동물들이 건강을 유지할 수 있도록

(3) 동물의 자유에는 '불편함으로부터의 자유'도 포함됩니다. 동물들이 느끼는 불편함에는 어떤 것이 있다고 생각합니까?

목마름 | (관계를) 맺다

읽고 말하기 2

⊙ 다음은 유기 동물 보호 센터 게시판에 올라온 글입니다.

유기 동물 보호 센터

알려 드립니다.
유기 동물이라고 생각했던 동물이 사실은 잃어버린 동물인 경우가 많습니다. 유기 동물로 제보하기 전에 실종 신고 게시판을 먼저 확인해 주시기 바랍니다. 제보 글을 올릴 때에는 사진을 첨부해 주시고 발견 장소와 날짜, 동물의 종류와 특징 등을 자세히 적어 주시기 바랍니다.

다시 보지 않음 ⊗

실종 신고

유기 동물

└ **제보**

└ 임시 보호

└ 입양하기

자유 게시판

자원 봉사

후원하기

청계산 쉼터 근처에서 떨고 있는 유기견을 구조해 주세요!

작성자: 댕댕이 지킴이

안녕하세요? 아무래도 유기견으로 보이는 개가 있어서 글을 남깁니다. 10월 9일 한글날에 날씨가 좋길래 운동도 할 겸 청계산에 갔습니다. 중간에 쉼터에서 물도 마시고 초콜릿도 먹으며 쉬고 있었는데 나무 뒤쪽으로 강아지 한 마리가 보였습니다. 가까이 오지는 않고 저를 계속 쳐다보더라고요. 먹을 것을 주고 싶었는데 초콜릿은 강아지한테 나쁘다고 하고 물그릇도 없어서 물도 줄 수가 없었습니다.

아무것도 도와주지 못한 게 마음에 걸려서 주말에 다시 청계산에 갔습니다. 이번에는 사료와 물그릇을 챙겨서 갔는데 한참을 기다려도 강아지가 안 나타나더라고요. 그래서 포기하려던 그때 다시 그 강아지를 봤습니다. 몸집이 작은 하얀 몰티즈로 털이 많이 지저분해진 걸 보니까 밖에서 지낸 지 오래된 듯했습니다. 사진을 찍으려고 가까이 갔더니 도망가 버려서 사진은 못 찍었습니다. 물과 사료만 주고 왔는데 날씨가 점점 추워져서 걱정이 됩니다.

반려동물을 유기하는 사람들을 찾아서 제대로 처벌할 수 있는 법은 없는 걸까요? 여러 동물 보호 단체의 의견을 반영하여 신속하게 관련 법을 강화했으면 합니다. 함께 교감을 나누던 동물을 어떻게 버릴 수 있는지. 이런 사람들이 있는 한 동물 복지는 실현되기 어려울 것 같아서 답답합니다. 배가 고픈데도 사람 곁으로 못 오던 강아지의 모습이 자꾸 떠올라서 마음이 너무 아파요. 제발 도와주세요!

1 질문에 대답하세요.

(1) 유기 동물로 제보하기 전에 실종 신고 게시판을 확인해야 하는 이유는 무엇입니까?

(2) 유기 동물에 대한 제보 글을 쓸 때 어떤 내용이 들어가야 합니까?

　　• 동물을 발견한 (　　　　　　　　　　), (　　　　　　　　　　　　)

(3) 글쓴이는 주말에 왜 청계산에 갔습니까?

(4) 글쓴이는 강아지의 어떤 모습이 계속 생각난다고 했습니까?

2 여러분의 생각을 이야기해 보세요.

(1) 유기 동물이 생기는 이유는 무엇이라고 생각합니까?

(2) 유기 동물을 도울 수 있는 방법에는 어떤 것이 있습니까?

(3) 반려동물을 키우기 전에 미리 생각해야 하는 것에는 무엇이 있습니까?

● 보기 를 보고 아래 포스터를 완성해 보세요.

유기견 ｜ 작성자 ｜ 임시 ｜ 쳐다보다 ｜ 물그릇 ｜ 몸집 ｜ 몰티즈 ｜ 신속하다

생각해 봅시다

● 다음 어휘와 문법 중 잘 이해하고 있는 것에 표시(✔)하세요.

☐ 사료	☐ 반려동물	☐ 배변 봉투
☐ 복지	☐ 교감	☐ 사회성
☐ 물다	☐ 사납다	☐ 순하다
☐ 학대하다	☐ 유기하다	☐ 입양하다

☐ 강아지 사료가 다 **떨어져서 그러는데** 인터넷으로 주문 좀 해 줄 수 있어요?

☐ 싫어하는 음식을 억지로 **먹느니** 차라리 굶는 게 낫겠어요.

☐ 이 고양이는 **강아지 못지않게** 사람을 잘 따르고 애교도 많다.

☐ 목표를 이루기 위해 **노력하는 한** 언젠가 성공할 수 있을 거예요.

☐ 친구도 **만날 겸** 인디밴드 공연도 **볼 겸** 해서 주말에 홍대에 다녀왔어요.

☐ **동물 보호법은** 동물 보호 단체의 **의견을 반영하여** 만들어졌다.

● 아래의 문장을 보고 보기 와 같이 이야기해 보세요.

유기견의 안타까운 사연을 방송국에 신고했다.

보기

방송국에 알고 있는 정보를 준 거니까 저 문장에서는 '제보'가 맞지 않을까요?

맞아요. '신고'는 경찰서처럼 문제를 해결하는 기관에 어떤 사실을 알릴 때 쓰잖아요. 정보를 준다는 뜻으로 사용할 때는 '제보하다'가 좋을 것 같아요.

1 다음 중 단어가 어색하게 쓰인 문장이 없는지 친구와 이야기해 보세요.

(1) 반려동물과 산책할 때는 반드시 목줄과 배변 봉투를 챙겨야 한다.

(2) 우리 집 강아지는 사람을 좋아하고 순해서 낯선 사람을 봐도 물어요.

(3) 키우던 동물을 입양하는 사람들을 제대로 처벌하는 법을 만들어야 한다.

(4) 동물과 인간이 진정한 교감을 나누며 살 때 동물 복지가 실현될 수 있지 않을까 싶다.

(5) 길고양이가 불쌍해 보여서 도와주려고 했더니 나를 학대해서 손등에 상처가 났다.

2 다음 중 문법이나 표현이 어색하게 쓰인 문장이 없는지 친구와 이야기해 보세요.

(1) 집에 급한 일이 생겨서 그러는데 먼저 갔어요.

(2) 담배를 끊지 않는 한 건강을 지키기 어려웠어요.

(3) 사랑하는 사람과 결혼하느니 평생 혼자 살겠어요.

(4) 그 사람은 나이가 어린데도 어른 못지않게 생각이 깊다.

(5) 오랜만에 연극도 볼 겸 대학로에 갔다가 우연히 친구를 만났다.

(6) 내가 고등학생 때로 돌아가는 한 열심히 공부할 것이다.

(7) 유기 동물 구조는 전문가들의 의견을 반영해서 조심스럽게 진행해야 한다.

3 다음은 동물 복지 인증 계란에 대한 이야기입니다. 대화를 완성해 보세요.

✓ 번호에 따른 닭의 사육 환경
1 야외의 자유로운 환경
2 농장 안에서 자유롭게 다님.
3 넓은 닭장에서 지냄.
4 좁은 닭장에서 지냄.

체 이 계란은 다른 것보다 비싼 것 같아요.

엠마 동물 복지 인증을 받은 계란이라 그런가 봐요. 계란 껍질에 있는 숫자를 보면 어떤 환경에서 온 계란인지 알 수 있어요.

체 _____

엠마 계란 껍질에 있는 숫자의 의미를 알고 난 후부터는

_____

_____

인증 | 사육 | 닭장

어휘 늘리기

● 다음 단어에 대해 알아보고 친구와 함께 질문에 대답해 보세요.

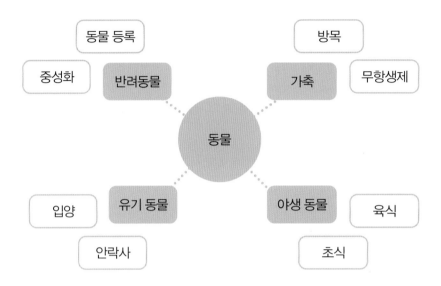

• 가축들을 방목해서 키우면 어떤 장점과 단점이 있다고 생각합니까?

• 반려동물 등록이 필요하다고 생각합니까? 그 이유는 무엇입니까?

• 반려동물의 중성화 수술에 대해 어떻게 생각합니까?

● 다음 의성어에 대해 알아보세요.

꼬끼오

멍멍

야옹

엉엉/흑흑

꼬르륵

소곤소곤

1 빈칸에 알맞은 말을 써 보세요.

(1) 점심도 못 먹고 강아지와 1시간 넘게 산책을 해서 그런지 집에 오니 배에서 (   )
소리가 났다.

(2) 우리 집 고양이는 소리에 예민해서 고양이가 자고 있을 때는 걷는 것도 조심하고 말할 때도
(   ) 한다.

(3) 다큐멘터리에서 보호 센터에 있던 유기견이 안락사 당하는 장면을 보고 마음이 아파서
(   ) 소리 내어 울었다.

(4) 동물의 이름이나 별명은 동물의 울음소리를 반영해서 짓기도 한다. 예를 들어 (   )
짖는 개는 '멍멍이', (   ) 우는 고양이는 '야옹이'라고 부른다.

(5) 시골에 계신 할아버지 댁에 가면 아침마다 닭이 (   ) 우는 소리를 들을 수 있다.

 • 여러분 나라에서는 동물 울음소리를 어떻게 표현합니까?
• '엉엉 우는 것'과 '흑흑 우는 것'이 어울리는 상황은 언제입니까?

실전 말하기

묘사하기

● 다음은 반려동물의 모습을 묘사하는 대화입니다.

> 😊 사진 속 고양이가 엠마 씨네 고양이예요? **눈은 동그랗고 귀가 정말 뾰족하네요.**
>
> 😎 정말 귀엽죠? 친구 고양이인데 너무 예뻐서 같이 찍은 거예요.
>
> 😊 그렇군요. 그럼 엠마 씨 고양이는 어떻게 생겼어요?
>
> 😎 우리 고양이는 코리안 쇼트헤어라고 불리는데 크기는 빈 씨 **가방 크기만 한 것 같아요.**
> 털은 좀 짧고 전체적으로 갈색인데 목이랑 발은 하얀색이에요. 그래서 **하얀색 양말을 신은**
> **것처럼 보여요.** 둥근 발로 장난을 칠 때면 얼마나 귀여운지 몰라요. 몸이랑 꼬리에는 가로로
> 진한 갈색 줄무늬가 있고요.
>
> 😊 양말을 신은 것 같다니 상상이 되네요. 눈도 갈색인가요?
>
> 😎 아, 우리 고양이는 **눈이 특히 매력적이에요.** 갈색이긴 한데 까만색 눈동자가 정말 커서
> 까만색이 더 많이 보여요. 그래서 그런지 어쩔 때는 고양이가 눈으로 말하는 것 같이 느껴진
> 다니까요.

● 동물의 모습을 묘사해서 말해 보세요.

| ? |

저는 어렸을 때부터 이 동물을 정말 좋아했어요. 크기는 _____

_____

_____

_____

● 다음의 어휘와 표현을 사용해서 자신이 본 것을 묘사해 보세요.

크기	• _____ 만 하다, _____ 과/와 비슷하다 • 몸집, 덩치, 적당하다 …
모양	• _____ 모양이다, _____ 처럼 생기다(보이다) • 동그라미(원), 세모(삼각형), 네모(사각형) … • 동그랗다, 둥글다, 뾰족하다, 세모나다, 네모나다, 각지다 …
눈에 띄는 특징	• 특히 _____ 이/가 눈에 띄다 • 가장 큰 특징은 _____ -(ㄴ/는)다는 것이다 • _____ 이/가 매력적이다 • 색깔, 무늬, 행동의 특징 등

묘사하다 ｜ -네 ｜ 전체적 ｜ 진하다 ｜ 눈동자 ｜ 눈에 띄다

실전 쓰기

수필

◉ 어떤 주제에 대한 개인적인 느낌이나 의견을 자유로운 형식으로 쓰기

보기

　동물도 우울증에 걸릴까? 생각조차 해 본 적 없었는데 우리 집 앵무새 '루키'를 보며 동물도 우울증에 걸린다는 사실을 알게 됐다.

　같이 살던 '미키'가 병으로 먼저 떠나서 그런지 루키는 밥도 잘 안 먹고 움직이지도 않고 혼자 조용히 있으려고만 했다. 그러다 어느 날부터 자기의 깃털을 뽑기 시작해서 동물 병원에 갔더니 우울증 때문이라고 했다. 어떻게 하면 루키가 전처럼 밝아질 수 있을지 고민하다 평소에 흥겨운 노래 듣기를 좋아하던 게 떠올라 노래를 크게 틀어 놓고 함께 춤을 춰 보기로 했다. 처음에는 귀찮은 듯 멀리서 쳐다보기만 하던 루키가 조금씩 함께 몸을 움직이기 시작했다. 그때의 기쁨은 지금도 잊을 수가 없다.

　루키는 이제 더 이상 깃털을 뽑지 않는다. 루키가 나에게 좋은 친구가 되어 준 것처럼 나도 계속 루키에게 기쁨은 물론 위로도 줄 수 있었으면 한다.

◉ 수필 구성

구분	내용
시작하기	• 흥미를 끌 수 있는 첫 문장 쓰기 　– 다음 내용이 궁금해지도록 첫 문장을 쓴다. 　– 사람들이 공감할 수 있는 내용이나 궁금해할 만한 내용으로 시작한다. 　– 질문으로 문장을 시작할 수도 있다.
에피소드	• 내용과 느낌을 전달하는 쓰기 　– 어떤 일을 겪었는지 에피소드를 쓴다. 　– 에피소드를 통해 어떤 생각을 하거나 느낌을 받았는지 쓴다.
마무리하기	• 종합하는 쓰기 　– 지금까지 쓴 글을 하나로 요약한다. 　– 글의 구체적인 주제가 드러나면 좋으며 길지 않게 쓴다.

● 다음을 참고해서 수필의 주제를 정하고 짧게 내용을 써 보세요.

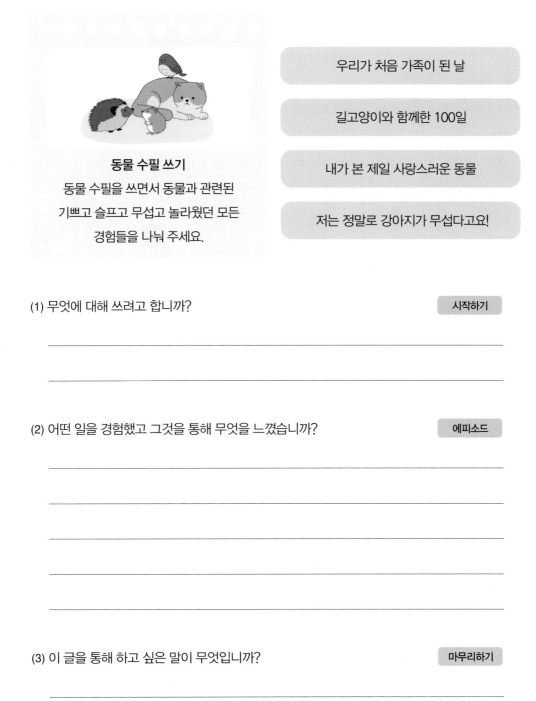

동물 수필 쓰기
동물 수필을 쓰면서 동물과 관련된
기쁘고 슬프고 무섭고 놀라웠던 모든
경험들을 나눠 주세요.

우리가 처음 가족이 된 날

길고양이와 함께한 100일

내가 본 제일 사랑스러운 동물

저는 정말로 강아지가 무섭다고요!

(1) 무엇에 대해 쓰려고 합니까?　　　　　　　　　　　　　시작하기

_____

_____

(2) 어떤 일을 경험했고 그것을 통해 무엇을 느꼈습니까?　　　에피소드

_____

_____

_____

_____

(3) 이 글을 통해 하고 싶은 말이 무엇입니까?　　　　　　　마무리하기

_____

_____

앵무새 | 깃털 | 흥겹다

CHAPTER

12

한국 문화

12 -1 착하게 살면 복을 받기 마련이다

- 한국의 옛날이야기를 알고 있습니까?
- 옛날이야기에는 어떤 인물들이 자주 등장합니까?

문법 1

A/V-아/어서는

눈이 너무 많이 내리네요.

네, 이렇게 눈이 많이 내려서는 비행기가 뜨지 못할 것 같아요.

1. 현재의 상태나 조건에서는 뒤의 일이 불가능하거나 실현되기 어려움을 나타낼 때 사용한다.

이렇게 눈이 많이 **내려서는** → 현재의 상태·조건

비행기가 뜨지 못할 것 같아요. → 불가능한 일

- 이렇게 **바빠서는** 주말에 친구도 못 만날 것 같아요.
- 광고만 **봐서는** 그 제품이 정말로 좋은 제품인지 알기 어려워요.
- 그렇게 약을 **안 먹어서는** 어떻게 병이 낫겠어요?

2. '안 되다'와 함께 쓰여 금지된 일을 나타낼 때 사용한다.

수업 내용을 **촬영해서는** 안 돼요. → 금지된 행동

- 술을 마시고 **운전해서는** 안 됩니다.
- 버스 정류장이나 지하철역 입구 주변에서 담배를 **피워서는** 안 됩니다.

연습

● 문장을 만들어 보세요.

(1) 한쪽 이야기만 듣다 / 어느 쪽이 잘못했는지 알다

　→ _____

(2) 식단을 조절하지 않다 / 운동만 하다 / 살을 빼다

　→ _____

(3) 시험 보다 / 휴대폰을 가지고 들어가다 / 안 되다

　→ _____

활동

1 보기 와 같이 이야기해 보세요.

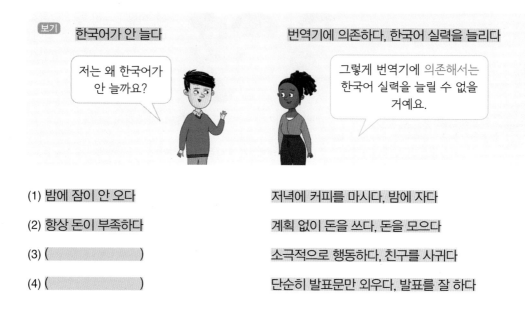

보기
한국어가 안 늘다

저는 왜 한국어가 안 늘까요?

번역기에 의존하다, 한국어 실력을 늘리다

그렇게 번역기에 의존해서는 한국어 실력을 늘릴 수 없을 거예요.

(1) 밤에 잠이 안 오다   저녁에 커피를 마시다, 밤에 자다

(2) 항상 돈이 부족하다   계획 없이 돈을 쓰다, 돈을 모으다

(3) (　　　　　　　　　)   소극적으로 행동하다, 친구를 사귀다

(4) (　　　　　　　　　)   단순히 발표문만 외우다, 발표를 잘 하다

2 다음 상황에서 하면 안 되는 행동에 대해서 이야기해 보세요.

어른에게 물건을 줄 때

어른에게 물건을 줄 때 한 손으로 줘서는 안 돼요.

데이트 할 때

결혼식에 갈 때

면접시험 볼 때

감기 기운이 있을 때

?

문법 2

> 아침부터 굶어서 그런지 오늘은 학생식당 밥이 평소보다 더 맛있는 것 같아요.

> 배고플 때 먹으면 어떤 음식이든 맛있기 마련이지요.

당연하고 일반적인 일에 대해 말할 때 사용한다.

배고플 때 먹으면   어떤 음식이든 **맛있기 마련이지요.**

↓   ↓

배경, 전제   당연하고 일반적인 일

- 겨울이 가면 봄이 **오기 마련이다.**
- 착하게 살면 복을 **받기 마련이다.**
- 맛집에는 항상 손님이 **많기 마련입니다.**
- 내가 하기 싫은 일은 남도 **하고 싶지 않기 마련이지요.**
- 무대에서는 누구나 **긴장하기 마련인데** 저 사람은 떨지도 않고 말을 잘하네요.

연습

● 문장을 만들어 보세요.

(1) 급하게 먹다 / 체하다

→ _____

(2) 거짓말을 하다 / 언젠가는 밝혀지다

→ _____

(3) 눈에서 멀어지다 / 마음에서도 멀어지다

→ _____

1 보기 와 같이 이야기해 보세요.

보기 떡볶이를 좋아하다, 매일 먹다 보니 먹기 싫어지다   맛있는 음식도 매일 먹다, 질리다

> 떡볶이를 좋아했는데 매일 먹다 보니 먹기 싫어졌어요.

> 맛있는 음식도 매일 먹으면 질리기 마련이죠.

(1) 아르바이트를 시작하다, 실수를 많이 하다   뭐든지 처음 하다, 서투르다

(2) 매일 운동을 하다, 오히려 몸이 안 좋아지다   운동도 무리해서 하다, 병이 나다

(3) 처음에는 팀장님을 대하기 어렵다,   자주 만나다, (   )
이제는 편하다

(4) 한국에 처음 왔을 때는 불편한 것이 많다,   추운데 얇은 옷을 입고 돌아다니다, (   )
지금은 괜찮다

2 친구들의 문제에 대해 뭐라고 조언해 주면 좋겠습니까?

보기
> 우리 조카는 나만 보면 이것저것 물어보는데 도대체 왜 그럴까요?

> 아이들은 궁금한 게 많기 마련이죠. 조카가 물어보면 친절하게 잘 설명해 주세요.

> 어제 친구랑 놀다가 늦게 집에 갔더니 아빠랑 엄마가 연락도 없이 늦었다고 엄청 화를 내는 거야.

> 한국어로 얘기할 때마다 너무 긴장 돼서 하고 싶은 말을 제대로 할 수가 없어요.

> 친한 친구가 자꾸 돈을 빌려 달라고 부탁해서 그 친구를 피하게 돼요.

> ?

대화

● 대화를 듣고 따라 읽어 보세요.

빈 민아야, '놀부 심보'가 뭐야?

민아 아, 그건 놀부처럼 욕심이 많고 인색한 마음씨를 말하는 거야.

빈 그래? '놀부'가 누군데?

민아 '흥부와 놀부'라는 옛날이야기에 나오는 인물인데 욕심이 아주 많아서 부모님의 유산을 혼자 다 차지하고 동생인 흥부한테는 하나도 나눠 주지 않았어. 나중에는 더 큰 욕심을 부리다가 결국 큰 벌을 받게 돼. 그런데 왜?

빈 응, 룸메이트가 가끔 마트에 갈 때 내 자전거를 타도 되냐고 물어보길래 타도 되지만 대신 내 허락 없이 타서는 안 된다고 그랬거든. 그랬더니 잘 타지도 않으면서 그게 무슨 놀부 심보냐고 그러더라고. 룸메이트한테 필요할 때 언제든지 타라고 할 걸 그랬나?

민아 아니야. 난 네 맘 충분히 이해해. 아무리 잘 쓰지 않는 물건이라도 내 물건을 남이 마음대로 사용하면 신경이 쓰이기 마련이지.

심보 | 인색하다 | 마음씨 | 유산 | 욕심을 부리다 | 남

어휘와 표현

1 다음 단어에 대해 알아보고 빈칸에 알맞은 말을 쓰세요.

박	넝쿨	제비	주걱	초가집	금은보화

(1) (   ) (2) (   ) (3) (   )

(4) (   ) (5) (   ) (6) (   )

2 다음 단어와 의미가 맞는 것을 연결하고 아래 문장을 완성하세요.

(1) 내쫓다 •   • ㉮ 혼자 모든 것을 가지다

(2) 원망하다 •   • ㉯ 다른 사람을 탓하여 미워하다

(3) 독차지하다 •   • ㉰ 밖으로 몰아내서 나가게 하다

(4) 배가 아프다 •   • ㉱ 원하는 것을 아무것도 얻지 못하고 오다

(5) 빈손으로 돌아오다 •   • ㉲ 다른 사람이 잘 되는 것을 보고 질투하다

오늘의 표현

V-자

앞의 일에 이어 뒤의 일이 연속하여 일어날 때 사용한다.

• 가을이 **되자** 흥부의 집에 제비가 박 씨를 물고 돌아왔다.

• 부모님이 **돌아가시자** 놀부는 흥부 가족을 집에서 내쫓았다.

• 음식을 구하러 나갔던 흥부가 빈손으로 **돌아오자** 흥부의 아내가 화를 냈다.

듣고 말하기 1

◉ 다음은 공연의 한 장면입니다. 무슨 내용일까요?

Track 27

1 다음을 듣고 대답해 보세요.

(1) 어떤 공연에 대해 광고하고 있습니까?

(2) 어떤 사람들을 대상으로 하는 공연입니까?

(3) 공연은 언제부터 시작하여 얼마 동안 계속됩니까?

고전 | 어르신 | 선조 | 명작 | 마당놀이

듣고 말하기 2

Track 28

1 다음은 한국의 전래동화 〈흥부전〉입니다. 잘 듣고 질문에 답하세요.

(1) 부모님이 돌아가시고 흥부와 놀부 형제에게는 어떤 일이 생겼습니까?

(2) 놀부의 부인은 쌀을 얻으러 온 흥부에게 어떻게 했습니까?

(3) 흥부는 어떻게 부자가 되었습니까?

(4) 흥부가 부자가 됐다는 소식을 들은 놀부는 무엇을 했습니까?

2 여러분의 생각을 이야기해 보세요.

(1) 놀부의 박에서는 무엇이 나왔을까요?

(2) 이 이야기가 주는 교훈은 무엇일까요?

(3) 여러분 나라에도 〈흥부전〉과 비슷한 옛날이야기가 있습니까? 어떤 부분이 비슷하고
어떤 부분이 다릅니까?

3 다음 그림을 보고 〈흥부전〉의 마지막 부분을 완성해서 이야기해 보십시오.

　　여름이 되자 성질 급한 놀부는 박이 다 자라서 익기도 전에 따서 아내와 함께 톱질을 시작했습니다.

놀부 부부　하나 둘, 쓱쓱, 하나 둘, 쓱쓱, 어서, 어서 열려서 세상에서 제일 큰 부자로
　　　　　만들어 주거라.

놀부 아내　(쩍) 여보, 박이 열렸어요. 에구머니. 그런데 박에서 나오는 이게 도대체 뭐예요?

놀부　　　아니, 이건!

　　박이 열리고 그 안에서는 _____

_____

_____

_____

식구 | 썩 | 쌀 | 밥풀 | 뺨 | 정성스럽다 | 씨 | 심다 | 지붕 |
쑥쑥 | 주렁주렁 | 톱질 | 쓱쓱 | 하인 | 대궐

12-2

윷놀이를 해 보기는커녕 이름도 들어 본 적이 없어요

- 사진의 놀이 중에서 해 본 것이 있습니까?
- 여러분 나라에는 어떤 민속놀이가 있습니까?

문법 1

N은/는커녕 A/V-기는커녕

유학 간 딸이 자주 전화해요?

딸한테서 전화는커녕 문자 한 통조차 없어요.

1. 앞의 일은 물론이고 더 기본적인 일도 이루어지지 않고 있음을 말할 때 사용한다.

딸한테서 | **전화는커녕** | 문자 한 통조차 | 없어요.
↓ | ↓
이미 언급된 일 | 더 기본적인 일

- 회사 사정이 안 좋아서 **보너스는커녕** 월급도 제대로 못 받았다.
- 동생이 집안일을 **돕기는커녕** 자기 방 청소도 안 한다.

2. 화자가 예상했던 것과 반대의 상황이 일어났을 때 사용한다.

회사를 그만두겠다고 했더니 아내가 | **반대하기는커녕** | 오히려 | 응원해 줬다.
↓ | ↓
예상했던 것 | 반대되는 상황

- 엄마를 도와드리려고 청소를 했는데 **칭찬은커녕** 청소를 깨끗하게 못했다고 야단을 맞았다.
- 결혼기념일에 최고급 레스토랑을 예약했는데 아내가 **좋아하기는커녕** 오히려 화를 냈다.

연습

● 문장을 만들어 보세요.

(1) 하루 종일 너무 바쁘다 / 식사 / 물 마실 시간조차 없다

→ _____

(2) 이사 온 지 얼마 안 되다 / 친구 / 아는 사람도 별로 없다

→ _____

(3) 봄이 되다 / 날씨가 따뜻해지다 / 오히려 쌀쌀해지다

→ _____

1 보기 와 같이 이야기해 보세요.

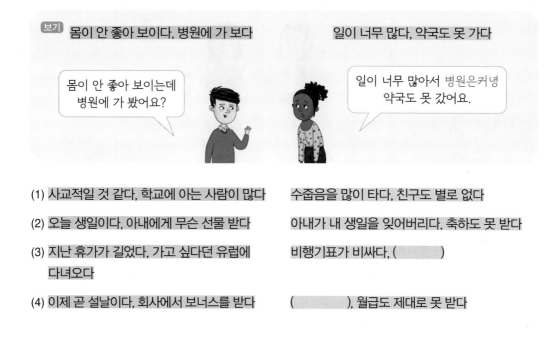

보기

몸이 안 좋아 보이다, 병원에 가 보다

일이 너무 많다, 약국도 못 가다

몸이 안 좋아 보이는데 병원에 가 봤어요?

일이 너무 많아서 병원은커녕 약국도 못 갔어요.

(1) 사교적일 것 같다, 학교에 아는 사람이 많다   수줍음을 많이 타다, 친구도 별로 없다

(2) 오늘 생일이다, 아내에게 무슨 선물 받다   아내가 내 생일을 잊어버리다, 축하도 못 받다

(3) 지난 휴가가 길었다, 가고 싶다던 유럽에 다녀오다   비행기표가 비싸다, (　　　　　)

(4) 이제 곧 설날이다, 회사에서 보너스를 받다   (　　　　　), 월급도 제대로 못 받다

2 예상과는 다른 방향으로 일이 흘러간 적이 있습니까? 다음과 같이 그때의 상황에 대해서 이야기해 보세요.

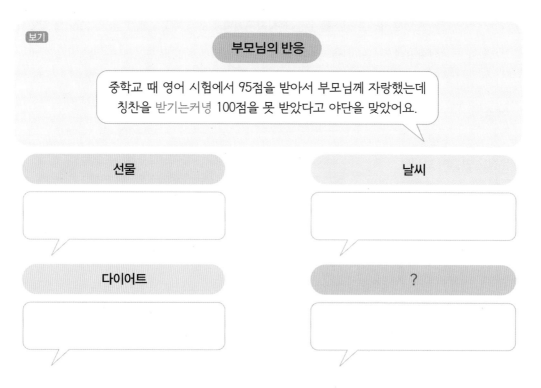

보기

부모님의 반응

중학교 때 영어 시험에서 95점을 받아서 부모님께 자랑했는데 칭찬을 받기는커녕 100점을 못 받았다고 야단을 맞았어요.

선물

날씨

다이어트

?

문법 2

A-(으)ㄴ 반면에 V-는 반면에

새로 이사한 집은 어때요?

지하철역이 가까워서 교통이 편리한 반면에 사람들이 많이 지나다녀서 주변이 좀 시끄러워요.

💡 평가하려는 대상이 상반되는 두 특성을 동시에 가지고 있음을 나타낸다. 두 대상이 서로 상반되는 특징을 가지고 있음을 비교하여 이야기할 때 사용하기도 한다.

새로 이사한 집은   +   교통이 편리한 반면에

주변이 좀 시끄럽다

↓   ↓

평가하려는 대상   상반되는 두 특성

- 새로 산 스마트폰은 화질이 **선명한 반면에** 배터리가 빨리 닳아서 불편해요.
- 저희 집은 어머니가 좀 **보수적이신 반면에** 아버지는 개방적이세요.
- 보통 월요일 아침에는 차가 많이 **막히는 반면에** 화요일 아침에는 차가 별로 없다.
- 예전에는 결혼이 필수라고 **생각했던 반면에** 요즘은 결혼이 선택이라고 생각하는 것 같다.

연습

● 문장을 만들어 보세요.

(1) 그 회사는 여름에 일이 많다 / 겨울에 일이 별로 없다

→ _____

(2) 나는 내성적이다 / 오빠는 사교적이다

→ _____

(3) 노인 인구는 증가하다 / 신생아 수는 감소하고 있다

→ _____

1 보기 와 같이 이야기해 보세요.

보기   어제 간 식당   음식이 맛있다, 서비스는 엉망이다, 별로이다

어제 간 식당은 어땠어요?

음식이 맛있는 반면에 서비스는 엉망이라서 별로였어요.

(1) 새로 산 신발   디자인이 예쁘다, 굽이 높다, 오래 신으면 힘들다
(2) 이번에 들어온 신입 사원   이해력은 뛰어나다, 사회성이 좀 떨어지다, 대하기 어렵다
(3) 지난 여행에서 묵었던 숙소   방은 좀 좁다, (   ), 아주 만족스럽다
(4) '한국 문화의 이해' 수업   (   ), 과제가 많다, 좀 힘들다

2 하나의 주제에 대해서 두 대상의 차이를 보기 와 같이 비교해서 이야기해 보세요.

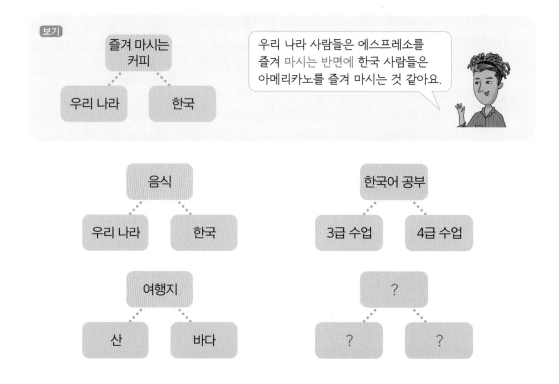

보기   즐겨 마시는 커피
       우리 나라   한국

우리 나라 사람들은 에스프레소를 즐겨 마시는 반면에 한국 사람들은 아메리카노를 즐겨 마시는 것 같아요.

음식
우리 나라   한국

한국어 공부
3급 수업   4급 수업

여행지
산   바다

?
?   ?

대화

● 대화를 듣고 따라 읽어 보세요.

Track 29

첸   엠마 씨, 학교 설날 행사 때 윷놀이 대회를 연다고 하는데 해 본 적 있어요?

엠마 윷놀이요? 해 보기는커녕 이름도 처음 들어 봤는데요. 윷놀이가 뭔데요?

첸   한국 전통 민속놀이인데 윷이라고 불리는 나무 막대기를 이용해서 하는
    한국식 보드게임 같은 거예요.

엠마 아, 그 나무 막대기를 던져서 노는 놀이요? 직접 해 본 적은 없는데 민속촌에
    놀러 갔을 때 사람들이 하는 걸 본 적이 있어요. 그런데 왜 나무 막대기를
    던지는지 잘 이해가 안 되더라고요.

첸   보드게임을 할 때 서양에서는 주사위를 사용하는 반면에 한국에서는
    윷이라고 불리는 그 나무 막대기를 사용하는 거라고 생각하면 돼요.

엠마 그렇군요. 첸 씨 덕분에 궁금증 하나가 해결됐네요.

민속놀이 | 막대기 | −식 | 보드게임 | 던지다 | 주사위 | 궁금증

어휘와 표현

1 다음 단어에 대해 알아보고 빈칸에 알맞은 말을 쓰세요.

말	판	칸	편	한-
게임 말	바둑판	두 칸	우리 편	한가운데

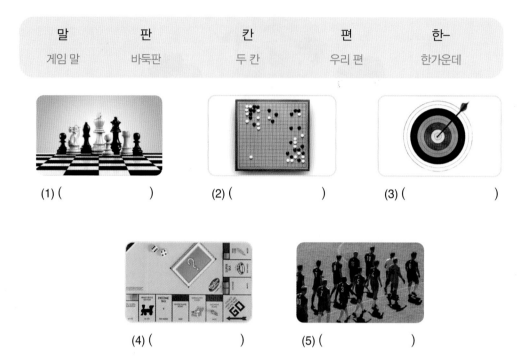

(1) (   )　　(2) (   )　　(3) (   )

(4) (   )　　(5) (   )

2 다음 단어와 의미가 맞는 것을 연결하세요.

(1) 요령이 있다　　　　　　•　　　•　㉮ 아주 긴장되는 상태로 만들다

(2) 역전을 거듭하다　　　　•　　　•　㉯ 효율적으로 빠르게 하는 방법을 알다

(3) 승부가 펼쳐지다　　　　•　　　•　㉰ 경기나 시합 등이 열려 대결이 이루어지다

(4) 손에 땀을 쥐게 하다　　•　　　•　㉱ 게임 중 승패가 뒤바뀌는 상황이 반복되다

(5) 생활 모습을 엿보다　　•　　　•　㉲ 어떤 것을 통해 당시의 생활을 짐작하게 하다

오늘의 표현

V-느라 시간 가는 줄 모르다

어떤 일을 하는 것에 집중해서 시간이 빨리 갔다고 느낄 때 사용한다.

- 바둑을 두느라 시간 가는 줄 몰랐다.
- 가족들이 모여 앉아 편을 나누어 윷놀이를 하느라 시간 가는 줄 몰랐다.
- 집중해서 게임을 하느라 시간 가는 줄 몰랐는데 벌써 새벽 2시가 넘었네.

읽고 말하기 1

● 윷놀이를 해 본 적이 있나요?

윷놀이 규칙

놀이 규칙

1. 두 팀으로 나누고 순서를 정한다.

2. 팀별로 돌아가면서 윷을 던져 판에서 말을 이동시킨다.

3. 출발한 네 개의 말이 모두 시작점으로 먼저 돌아오는 팀이 승리한다.

4. '윷'이나 '모'가 나오면 한 번 더 던질 수 있는 기회가 주어진다.

5. 우리 편 말이 가야 하는 곳에 상대방의 말이 있으면 상대방의 말을 잡고 한 번 더 윷을 던질 수 있다. 상대편에게 잡힌 말은 다시 시작점에서 출발해야 한다.

1 윗글을 읽고 질문에 대답해 보세요.

(1) 어떻게 하면 게임에서 승리하게 됩니까?

(2) 어떤 경우에 윷을 한 번 더 던질 수 있습니까?

　　·

　　·

(3) 여러분 나라에도 윷놀이와 비슷한 게임이 있습니까?

읽고 말하기 2

● 다음은 윷놀이에 대한 설명입니다.

윷놀이

윷놀이는 한국의 대표적인 전통 민속놀이로 윷판 위에 말을 놓고 상대편과 겨루어 상대편의 말보다 우리 편의 말이 먼저 시작점으로 돌아오면 이기는 놀이다. 윷놀이는 규칙이 어렵지 않아 조금만 요령이 있으면 남녀노소 누구나 쉽게 배워서 즐길 수 있다. 하지만 출발한 상대편의 말을 잡을 수 있기 때문에 역전을 거듭하면서 손에 땀을 쥐게 하는 승부가 펼쳐져서 한번 시작하면 시간 가는 줄 모르고 놀이에 빠져들게 된다.

윷은 앞면이 평평한 반면에 뒷면은 볼록한데 4개의 윷을 던져서 나오는 평평한 면의 개수에 따라 말이 이동할 수 있는 칸 수가 정해진다. 평평한 앞면이 하나만 나오는 '도'는 한 칸, 두 개가 나오는 '개'는 두 칸, 세 개가 나오는 '걸'은 세 칸, 네 개가 모두 앞면인 '윷'은 네 칸을 이동할 수 있다. 그리고 모두가 뒷면이 나오는 '모'는 다섯 칸을 이동한다. 이 명칭은 옛날에 집에서 기르던 가축들의 이름에서 따온 것인데 '도'는 돼지, '개'는 개, '걸'은 양, '윷'은 소, '모'는 말을 의미한다. 재미있는 점은 각 동물의 중요도에 따라 말이 이동할 수 있는 거리가 정해졌다는 것이다.

윷이 당시 기르던 가축을 상징한다면 윷판은 선조들이 생각하던 우주의 모습을 보여 준다고 할 수 있다. 현재는 사각형으로 그려진 윷판을 사용하는 반면에 과거에는 둥글게 그려진 윷판을 사용하였는데 윷판의 한가운데 칸은 북극성을 상징하고 말이 지나가는 28개의 칸은 북극성을 중심으로 움직이는 별의 움직임을 상징한다. 이렇듯 지금은 민속놀이로만 알고 있는 윷놀이지만 그 유래를 살펴보면 선조들의 생각과 당시의 생활 모습을 엿볼 수 있다.

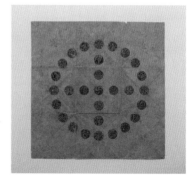

1 질문에 대답하세요.

(1) 윷놀이에서 역전이 자주 일어나는 이유가 뭐라고 했습니까?

(2) 아래 빈칸을 채워 보십시오.

윷의 모양	명칭	상징하는 동물	이동거리
	도	돼지	1칸

(3) 윷놀이의 유래를 통해 무엇을 알 수 있습니까?

2 여러분의 생각을 이야기해 보세요.

(1) 윷놀이를 해 봤거나 하는 것을 본 적이 있습니까?

(2) 여러분 나라의 대표적인 민속놀이는 무엇이고 언제 그 놀이를 합니까?

평평하다 | 볼록하다 | 중요도 | 북극성 | 이렇듯

생각해 봅시다

⦿ 다음 어휘와 문법 중 잘 이해하고 있는 것에 표시(✔)하세요.

☐ 칸	☐ 판	☐ 편
☐ 주걱	☐ 넝쿨	☐ 초가집
☐ 내쫓다	☐ 원망하다	☐ 독차지하다
☐ 요령이 있다	☐ 생활 모습을 엿보다	☐ 역전을 거듭하다

☐ 이렇게 눈이 많이 **내려서는** 비행기가 못 뜰 것 같아요.

☐ 겨울이 가면 봄이 **오기 마련입니다.**

☐ 부모님이 **돌아가시자** 놀부는 흥부 가족을 집에서 내쫓았습니다.

☐ 회사 사정이 안 좋아서 **보너스는커녕** 월급도 제대로 못 받고 있다.

☐ 저희 집은 어머니가 좀 **보수적이신 반면에** 아버지는 개방적이세요.

☐ 가족들이 모여 앉아 **윷놀이를 하느라** 시간 가는 줄 몰랐다.

⦿ 아래의 문장을 보고 보기 와 같이 이야기해 보세요.

'6'이 나왔으니까 여섯 개 앞으로 가세요.

보기

주사위에서 '6'이 나왔으니까 여섯 개 앞으로 가세요.

아니에요. 이렇게 보드게임에서 이동해야 하는 자리를 셀 때는 '개'가 아니라 '칸'이라는 단위를 사용해야 해요. 그러니까 "여섯 칸 앞으로 가세요."라고 말해야 돼요.

1 다음 중 단어가 어색하게 쓰인 문장이 없는지 친구와 이야기해 보세요.

(1) 이 게임 너무 재미있다. 딱 한 판만 더 하자.

(2) 한국에서는 주걱으로 국이나 밥을 먹고 젓가락으로 반찬을 먹는다.

(3) 나는 외동딸이라 어릴 때부터 부모님의 사랑을 독차지하며 자랐다.

(4) 나는 다른 사람과의 약속 시간을 잘 지키지 않는 사람을 원망한다.

(5) 새로 뽑은 직원은 요령이 빨라서 무슨 일이든 힘들이지 않고 빨리 끝낸다.

2 다음 중 문법이나 표현이 어색하게 쓰인 문장이 없는지 친구와 이야기해 보세요.

(1) 병이 다 나을 때까지 기름이 많은 음식을 먹어서는 안 됩니다.

(2) 날마다 한국어로만 얘기해서는 어떻게 한국어를 잘할 수 있겠어요?

(3) 경제가 불황일 때는 사람들이 돈을 많이 쓰기 마련이다.

(4) 집에 도착하자 비가 내리기 시작했어요.

(5) 한국 영화는커녕 드라마도 좋아해서 자주 봐요.

(6) 서울에는 사람들이 몰리는 반면에 지방에는 일할 사람이 없다.

(7) 영화가 너무 지루해서 시간이 가는 줄 몰랐다.

3 아래 그림을 보고 배운 문법과 표현을 사용해서 〈흥부전〉의 앞부분을 이야기해 보세요.

옛날 어느 마을에 형 놀부와 동생 흥부가 살았습니다.

동생 흥부는 _____

_____

_____

_____

어휘 늘리기

● 다음 단어와 표현에 대해 알아보고 친구와 함께 질문에 대답해 보세요.

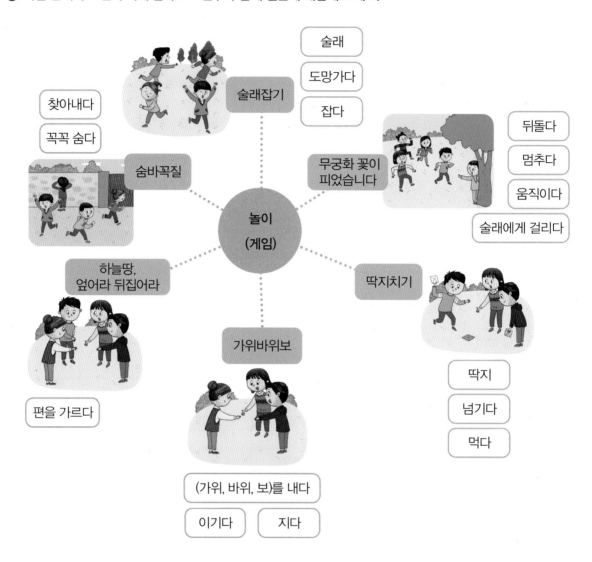

- 위의 놀이 중 아는 것이 있습니까? 주어진 단어를 사용해서 규칙을 간단히 설명해 보세요.

- 여러분 나라에도 위와 비슷한 놀이가 있습니까?

- 알고 있는 재미있는 게임이나 놀이가 있으면 친구들에게 소개해 주세요.

1 다음 의태어에 대해 알아보세요.

꼭꼭　　철썩

쑥쑥　　쓱쓱　　주렁주렁

(1) (　　　　　　): 보이지 않게 잘 숨겨둔 모양

(2) (　　　　　　): 두 물체를 서로 부딪쳐 비비는 모양

(3) (　　　　　　): 어떤 것이 굉장히 빠르게 자라는 모양

(4) (　　　　　　): 열매나 과일 등이 많이 달려 있는 모양

(5) (　　　　　　): 큰 물체가 다른 물체에 세게 부딪쳐 나는 소리

2 빈칸에 알맞은 말을 써 보세요.

(1) 놀부의 아내가 밥주걱으로 흥부의 뺨을 (　　　　　) 쳤다.

(2) 알라딘이 램프를 손으로 (　　　　　) 만지자 '펑' 하면서 램프의 요정 지니가 나타났다.

(3) 부모님의 집에서 쫓겨난 흥부는 (　　　　　) 자라야 하는 아이들을 위해 무슨 일이든지 했다.

(4) 가 (　　　　　) 숨어라 머리카락 보인다. 다 숨었어?

　　나 아직이야. 열까지 더 세.

(5) 가 뭘 그렇게 가방에 (　　　　　) 달고 다녀?

　　나 어제 인형 뽑기 기계에서 인형을 3개나 뽑았거든. 대박이지!

 • 키가 쑥쑥 컸던 시기가 있습니까?
• 다른 사람이 못 찾게 꼭꼭 숨겨 두고 싶은 것이 있습니까?

실전 말하기

Track 30

규칙 설명하기

◉ 자신이 알고 있는 게임의 규칙을 친구에게 설명해 보세요.

 저는 한국 사람들이 많이 하는 3·6·9 게임에 대해서 설명하겠습니다. 3·6·9 게임은 사람들이 둘러앉아 한 명씩 돌아가면서 숫자를 말해야 하는데 3·6·9가 들어가는 숫자를 말할 순서가 오면 숫자를 말하는 대신에 박수를 쳐야 합니다. 다만 3·6·9가 두 번씩 들어가는 숫자가 나오면 박수를 두 번씩 쳐야 합니다. 이때 박수를 치지 않고 말을 한 사람은 걸려서 벌칙을 받게 됩니다.

◉ 자신이 알고 있는 게임이나 놀이를 선택해서 규칙을 이야기해 보세요.

　• 그 게임의 가장 큰 특징은 무엇입니까?

　• 그 게임은 이기는 사람을 뽑는 게임입니까? 벌칙을 받는 사람을 뽑는 게임입니까?

◉ 자신이 알고 있는 게임이나 놀이를 선택해서 규칙을 이야기해 보십시오.

게임 소개	• _____ 은/는 _____ –는 게임입니다.
게임 규칙	• _____ –(으)면 점수를 얻을 수 있습니다. ↔ 점수를 잃게 됩니다. • _____ –(으)면 안 됩니다. • _____ –아/어야 합니다. 다만, _____ –는 것은 반칙입니다.
승패를 결정하는 방법	• 마지막으로 _____ –는 사람(팀)이 이기게 됩니다. • 이때 _____ –는 사람이 벌칙을 받게 됩니다.

둘러앉다 │ 벌칙을 받다

실전 쓰기

줄거리 요약

◉ 이야기의 배경과 인물에 대해 간략히 설명하고 일어난 사건을 중심으로 줄거리를 쓰기

> **보기**
>
>
>
> 옛날 옛적에 어느 한 마을에 콩쥐라는 소녀가 살았습니다. 콩쥐의 어머니가 돌아가시자 아버지는 새어머니와 결혼하게 되었고 새어머니는 팥쥐라는 딸을 데리고 왔습니다. 콩쥐는 성격이 착하고 순한 반면에 새어머니와 팥쥐는 욕심이 많고 질투가 심했습니다. 예쁘고 착한 콩쥐를 질투한 팥쥐 모녀는 콩쥐를 괴롭혔습니다. 그러던 어느 날 마을의 사또가 큰 잔치를 열었는데 팥쥐 모녀는 콩쥐에게 어려운 집안일을 시켜 잔치에 못 가게 합니다. 하지만 콩쥐는 선녀의 도움으로 집안일을 끝마치고 잔치에 참석하게 되었고 콩쥐에게 반한 마을의 사또와 결혼까지 하게 됩니다. 결국 팥쥐 어머니와 팥쥐는 죄를 지어 벌을 받게 되었고 콩쥐는 사또와 행복하게 잘 살았답니다.

◉ 문장 구조

내용	표현
이야기의 배경 설명하기	• 옛날에 / 옛날 옛적에 • 어느 (한) 마을에 • 한 이/가 살았습니다. (이)라는 사람이 살고 있었습니다.
인물의 성격 묘사하기	• 은/는 마음씨가 _____ –(으)ㄴ 반면에 • 은/는 _____ –기를 좋아했습니다.
사건의 전개, 전환	• 그러던 어느 날 • 시간이 흘러 • _____ –자
이야기의 결말	• 마침내 은/는 _____ –게 됩니다. • 결국 은/는 _____ –고 말았습니다. • 그 이후로 은/는 아주 행복하게 잘 살았답니다.

1 보기 를 참고해서 여러분 나라의 옛날이야기 하나를 정해 짧게 내용을 써 보세요.

(1) 어떤 시대, 어떤 곳에서 일어난 일입니까?　　　　　　　　　　　　　배경

_____

_____

_____

(2) 어떤 인물들이 등장하며 그 인물의 특징은 무엇입니까?　　　　등장인물 묘사

_____

_____

_____

(3) 이야기의 시작이 되는 사건은 무엇이며 그 후에는 어떻게 전개됩니까?　사건의 전개, 전환

_____

_____

_____

(4) 이야기는 어떻게 끝나게 됩니까?　　　　　　　　　　　　　　　결말

_____

_____

_____

질투 | 사또 | 잔치 | 반하다

부록

정답

CHAPTER 7 미래

7-1 로봇 기술이 발전하더라도 인간의 일자리는 남아 있을 거예요

문법 1

- (1) 시험 볼 때 문제가 어렵더라도 끝까지 풀어야 한다.
- (2) 졸리더라도 수업 시간에 엎드려서 자면 안 된다.
- (3) 아무리 마음이 급하더라도 공연 입장 순서를 지켜야 한다.

문법 2

- (1) 스트레스를 받아서 잠을 잘래야 잘 수가 없다.
- (2) 시장이 시끄러워서 말소리를 들을래야 들을 수가 없다.
- (3) 시험이 너무 많아서 주말에 놀래야 놀 수가 없다.

어휘와 표현

1. (1) 육체적   (2) 제한적
   (3) 효율적   (4) 대중화
   (5) 자동화

2. (1) ㉣   (2) ㉤   (3) ㉡
   (4) ㉢   (5) ㉮

듣고 말하기 1

1. (1) 청소 로봇, 음료를 만들거나 안내하는 로봇
   (2) 공장에서 제품을 생산하는 일
   (3) 자신이 학습한 정보를 이용해 스스로 판단하고 문제를 해결하는 AI 로봇이 등장했다.

듣고 말하기 2

1. (1) 사람들이 지나치게 로봇에 의존하게 될까 봐 걱정한다.
   (2) 같은 시간에 더 많은 양의 제품을 생산할 수 있다.
   (3) 시간을 절약하게 되어 남는 시간에 취미 생활을 할 수 있다.

7-2 가상 세계에 대한 사람들의 기대가 정말 실현될까 싶어요

문법 1

- (1) 극장의 가장 앞자리 표마저 매진됐다.
- (2) 자신 있던 읽기 시험마저 망쳤다.
- (3) 마지막 남은 과자마저 동생이 다 먹어 버렸다.

문법 2

- (1) 쇼핑을 자주 하는 사람이 돈을 모을까 싶다.
- (2) 거짓말쟁이의 말을 사람들이 믿을까 싶다.
- (3) 그 영화는 유명한 아이돌이 나오니까 인기를 끌지 않을까 싶다.

어휘와 표현

1. (1) 가상 세계   (2) 아바타
   (3) 상상력   (4) 시공간
   (5) 비대면

2. (1) ㉣   (2) ㉤   (3) ㉡
   (4) ㉮   (5) ㉢

읽고 말하기 1

1. (1) VR은 가상 세계에서 실제와 같은 체험이 가능하게 하는데 AR은 현실 세계에 새로운 가상의 정보를 추가해서 보여 준다.

   (2) 게임을 하거나 교육 활동을 하는 데 쓰인다.

읽고 말하기 2

1. (1) 온라인에서 아바타를 이용해 사회, 경제, 문화적인 활동을 하는 세상

   (2) 기술이 발달하고 비대면 서비스가 확산되어서

   (3) 회의, 쇼핑, 전시회 구경, 여행 등 다양한 활동을 할 수 있다.

7-3 한 단계 오르기

생각해 봅시다

1. (1) 국적을 ~~벗어난~~ 두 사람의 사랑이 대단하게 느껴진다.　초월한

   (2) 비타민이 많은 과일을 먹는 것은 감기 예방에 ~~효율적이다~~.
      효과적이다

   (4) 복잡한 도시를 ~~초월해~~ 바다에 오니 그동안 쌓였던
      벗어나
      스트레스가 다 풀리는 것 같다.

2. (1) 하늘이 이렇게 ~~흐린데~~ 과연 비가 올까 싶어요.
      맑은데

   (2) 나는 어제 ~~힘들더라도~~ 방 청소를 모두 끝냈다.
      힘들어도

   (3) 어렸을 때는 곤란한 일이 생기면 ~~언니에~~ 의존하곤
      했어요.　언니에게

   (6) 쌀쌀한 날씨에 반팔을 입고 나가면 감기에 걸려서 ~~아프는 수가 있다~~.
      아파지는 수가 있다

3. 〔예〕 빈: 만난 다른 나라 친구들과 대화 중이었어요.
      누구 생일 파티를 한다고요?

   첸: 아이고, 빈 씨. 모레가 카린 씨 생일이잖아요.

   빈: 미안해요. 메타버스 안에서 활동하다 보면 현실 세계의 일을 놓치게 될 때가 있어요. 가상

세계 속 일에 점점 집중하게 되거든요. 그렇더라도 이야기를 잘 들었어야 했는데 실수했네요. 대면하지 않고 어디에서든 자유롭게 다양한 친구들을 만날 수 있는 건 메타버스의 장점이지만 지금처럼 하다가는 옆에 있는 친구들과 멀어지는 수가 있으니 조심해야겠어요.

어휘 늘리기

1. (1) 사방팔방　　　　(2) 천만다행

   (3) 천차만별　　　　(4) 삼삼오오

   (5) 백발백중　　　　(6) 십중팔구

2. (1) 천만다행　　　　(2) 십중팔구

   (3) 삼삼오오　　　　(4) 사방팔방

   (5) 천차만별　　　　(6) 백발백중

실전 쓰기

1. (1) 〔예〕 과거에 비해서 비대면 수업이 증가하고 있다.

   (2) 〔예〕 비대면 수업의 장점은 집에서 편하게 수업을 들을 수 있다는 것이다. 그리고 학교에 가기 위해 준비하는 시간과 이동 시간이 절약된다는 장점도 있다. 반면에 대면 수업 때보다 수업에 집중하기 어려울 뿐만 아니라 개인 공간이 공개되어 사생활이 보호되지 못하는 수가 있다는 단점이 있다.

   (3) 〔예〕 원하지 않게 개인 공간이 공개되지 않도록 주의해야 하며 수업에 집중할 수 있도록 대면 수업 때와 비슷한 환경을 만드는 것이 좋다.

CHAPTER 8
한글

8-1 세종대왕이 없었더라면 한글은 만들어질 수 없었겠네요

문법 1

- (1) 사고 소식이 빨리 알려졌더라면 더 많은 사람들을 구했을 거예요.
- (2) 한국에 안 왔더라면 지금쯤 고향에서 회사에 다니고 있었을 거예요.
- (3) 내가 좀 더 적극적이었더라면 유학 생활을 하면서 친구를 많이 사귀었을 거예요.

문법 2

- (1) 10년 동안 돈을 모은 끝에 집을 마련하게 됐다.
- (2) 오랜 기간 동안 연구한 끝에 마침내 신약을 개발해 냈다.
- (3) 10주간의 다이어트 끝에 7kg을 뺐다.

어휘와 표현

1. (1) 양반   (2) 백성
   (3) 임금   (4) 문자

2. (1) ㉮   (2) ㉯   (3) ㉱
   (4) ㉰   (5) ㉲

듣고 말하기 1

1. (1) 한국어 말하기 대회
   (2) ① 한국어와 한글
       ② SNS와 홈페이지
       ③ 총 1,000만 원 상당의 장학금과 상품권

듣고 말하기 2

1. (1) 한글날
   (2) 세종대왕님이 한글을 직접 만들었는지 궁금해했다.
   (3) 임금님이 한글을 지으셨다는, 언어학, 한글 창제를 반대하는
   (4) 힘없는 백성

8-2 한글은 단순하면서도 아름다워요

문법 1

- (1) 새로 나온 등산복이 얇으면서도 따뜻하다.
- (2) 내 동생은 항상 놀면서도 반에서 1등을 놓치지 않는다.
- (3) 그 사람은 부자가 아니면서도 매달 많은 돈을 기부한다.

문법 2

- (1) 아까 먹은 음식이 너무 매워서 그런지 배가 아프다.
- (2) 그 사람은 한국에 온 지 얼마 안 돼서 그런지 한국의 예절을 잘 모른다.
- (3) 장마철이라서 그런지 빨래가 잘 안 마른다.

어휘와 표현

1. (1) 기관   (2) 획   (3) 음절
   (4) 자음   (5) 모음

2. (1) ㉱   (2) ㉮   (3) ㉯
   (4) ㉰   (5) ㉲

읽고 말하기 1

1. (1) 용도: 곡식이나 풀을 벨 때 사용함.
       생김새: 한글의 기역 자처럼 생겼음.
   (2) 아주 쉽거나 문제의 답이 눈앞에 있어도 답을 찾지 못하는 상황을 의미한다.

읽고 말하기 2

1. (1) 자음: 발음 기관의 모양을 따라서 만들었다.
   모음: 하늘과 땅, 사람의 모양을 본떠서 만들었다.
   (2) 어떻게 하면 사람들이 쉽게 배우고 편하게 사용
   할 수 있을지 고민했을 것이다.
   (3) 많은 양의 문자를 한번에 빠르게 볼 수 있어 독서
   의 능률을 높인다.

8-3 한 단계 오르기

생각해 봅시다

1. (1) 토요일에 우리 언니가 교회에서 결혼식을
   ~~캐최합니다.~~
   합니다/올립니다
   (2) 파란색과 빨간색을 ~~덧붙이면~~ 보라색이 됩니다.
   섞으면
   (5) 세계적인 경제 위기로 물가가 많이 올라서
   ~~백성들의~~ 생활이 어렵다.
   서민들의

2. (2) 태풍이 ~~온 끝에~~ 여행을 취소했어요.
   오는 바람에
   (5) ~~음식이 맛있어서~~ 그런지 ~~신선한 재료를 사용했어요.~~
   신선한 재료를 사용해서   음식이 맛있어요
   (4) 어제 비가 ~~왔더라면~~ 콘서트가 취소되지 않았을
   거예요.   안 왔더라면
   (7) 준비를 많이 해서 그런지 이번 발표에서는 실수
   하지 ~~않을 거예요.~~
   않았어요

3. ㉠ 백성들은 글을 읽고 쓸 줄 몰라서 여러 어려움을
   겪었다. 그래서 한자를 읽고 쓸 줄 모르는 백성들을
   위해 세종대왕은 오랜 연구 끝에 한글을 창제했다.
   한글은 소리를 표기하는 문자로 한글의 자음은 발음
   기관의 모양을, 모음은 하늘과 땅 그리고 사람의
   모양을 본떠서 만들었다.

어휘 늘리기

〈가로〉 (1) 음절   (2) 모국어   (3) 표기하다
      (4) 자음   (5) 한자   (6) 의성어

〈세로〉 (1) 음성   (3) 표음 문자   (4) 언어
      (5) 외래어

1. (1) 벌컥벌컥   (2) 벌떡   (3) 꽁꽁
   (4) 부랴부랴   (5) 활짝   (6) 주룩주룩

2. (1) 활짝   (2) 꽁꽁   (3) 벌컥벌컥
   (4) 주룩주룩   (5) 벌떡   (6) 부랴부랴

3. (1) 반짝반짝   (2) 번쩍번쩍   (3) 보글보글
   (4) 부글부글   (5) 꾸벅꾸벅   (6) 꼬박꼬박

실전 쓰기

1. (1) ㉠ 봄이 되면서 올해도 여의도에서는 벚꽃 축제
      준비가 시작되었다.

   (2) ㉠ 최근 층간 소음 문제가 한국 사회의 뜨거운
      이슈로 떠오르고 있다.

   (3) ㉠ 6월 5일 환경의 날을 맞아 환경부에서는 일회
      용 쓰레기 배출 실태를 조사하였다.

CHAPTER 9
생활과 경제

9-1 어려운 이웃에게 조금이나마 도움이 됐으면 해서 그 제품을 구매했어요

문법 1

- (1) 부모님의 목소리나마 들어서 위로가 됐어요.
  (2) 영화표가 맨 앞자리나마 남아 있어서 다행이에요.
  (3) 작은 힘이나마 도움이 됐으면 해서 봉사하러 왔어요.

문법 2

- (1) 특별한 이상은 없고 배가 조금 아플 뿐이다.
  (2) 그 사람은 나쁜 사람이 아니라 그냥 성격이 무뚝뚝할 뿐이다.
  (3) 음식 솜씨가 좋은 게 아니라 좋은 재료를 썼을 뿐이다.

어휘와 표현

1. (1) 선행　(2) 소비　(3) 가치
   (4) 매출　(5) 보탬

2. (1) ㉤　(2) ㉮　(3) ㉣
   (4) ㉰　(5) ㉯

듣고 말하기 1

1. (1) 치킨을 5000원어치만 먹을 수 있냐고 물어봤다.
   (2) 사장님이 베푼 선행이 SNS에 알려져서

듣고 말하기 2

1. (1) 돈이 부족해 매장 앞에서 구경만 하던 아이들에게 무료로 치킨을 먹게 한 일
   (2) '어려운 이웃들을 돕는 데 보탬이 되는 것이 기뻐서'라는 응답
   (3) ・착한 식당의 음식을 주문한다.
   　　・친환경 제품을 찾아 구매한다.

9-2 백화점에서 깜짝 세일을 하길래 샀어요

문법 1

- (1) 주문할 때 '저기요'라고 한다는 게 '자기야'라고 했다.
  (2) 친구에게 전화해서 오해를 푼다는 게 오히려 싸움을 키웠다.
  (3) 분위기에 취해서 술을 조금만 마신다는 게 많이 마셔 버렸다.

문법 2

- (1) 과일값이 싸길래 평소보다 많이 샀어요.
  (2) 카페에서 아이들이 떠들길래 조용히 하라고 했어요.
  (3) 친구가 배고프다고 하길래 냉장고에 있는 재료로 요리해 줬어요.

어휘와 표현

1. (1) 만족도　(2) 판매량　(3) 현상
   (4) 호황　(5) 불황

2. (1) ㉤　(2) ㉮　(3) ㉯
   (4) ㉣　(5) ㉰

읽고 말하기 1

1. (1) 소비자의 만족도가 높으면서도 가격이 높지 않은
기호품의 판매량이 증가하는 현상

　　(2) 넥타이 효과

읽고 말하기 2

1. (1) 경제 불황 시기에 비싼 음식 대신 햄버거나 라면
등 상대적으로 저렴한 음식을 많이 찾게 되는 현
상을 뜻한다.

　　(2) 동네 세탁소와 속옷 가게

　　(3) 주가를 비롯해서 환율, 은행의 금리, 실업률 등의
자료

　　(4) 경제 호황과 불황

9-3 한 단계 오르기

생각해 봅시다

1. (1) 이웃을 생각하면서 물건을 사는 것은 착한 ~~배출~~
의 하나라고 할 수 있다.　　　　　　　소비

　　(3) 경제 ~~호황~~ 탓에 물건의 판매량이 줄어 많은 가게
　　　　불황
들이 힘들어하고 있다.

　　(4) 정부에서는 형편이 ~~넉넉해서~~ 등록금 내기 어려운
　　　　　　　　　　넉넉하지 않아서/어려워서
학생들을 돕고 있다.

2. (1) 카드를 안 가지고 왔는데 ~~현금이나마~~ 없어서 점
심을 먹을 수 없어요.　　　현금마저

　　(3) 다음 달부터 ~~대중교통을 비롯해서 지하철, 버스~~
~~등의~~ 요금이 오를 예정이다.
지하철을 비롯해서 버스 등의 대중 교통

　　(5) ~~체카~~ 같이 공부하자고 하길래 ~~마크 씨도~~ 도서관에
마크 씨가　　　　　　　저도
같이 갔어요.

　　(7) ~~노력~~은 ~~시험 성적~~에 달려 있다.
시험 성적　　노력

3. 예 편의점에서 아르바이트를 하고 있어서 그나마
다행이다. 하지만 고기를 비롯해서 야채, 과일값 등
물가가 너무 올라서 돈을 아껴 써야 한다는 생각이
들었다. 그래서 요즘 가계부를 쓰는 것은 물론이고
돈이 생기면 저금하려고 노력하고 있다.

어휘 늘리기

1. (1) 발(을) 디딜 틈(이) 없다

　　(2) 한눈에 보이다

　　(3) 손을 잡다

　　(4) 눈앞이 캄캄하다

　　(5) 날개(가) 돋친 듯이

　　(6) 물 쓰듯 하다

2. (1) 발 디딜 틈이 없을

　　(2) 날개 돋친 듯이

　　(3) 손을 잡고

　　(4) 눈앞이 캄캄해요

　　(5) 한눈에 보여서

　　(6) 물 쓰듯 해요

실전 쓰기

1. (1) 예 '공정 무역'이란 생산자의 노동에 대해 정당한
돈을 지불하면서도 소비자에게는 좀 더 좋은
제품을 제공하는 무역을 말한다.

　　(2) 예 다시 말해서 불공정 무역의 잘못된 점을 반성
하고 개선해 보자는 목적으로 시작된 것이라고
할 수 있다.

　　(3) 예 공정 무역의 예로 노동자들이 안전한 환경에
서 일을 하고 일한 만큼 충분한 돈을 받도록 하는
착한 초콜릿, 착한 커피 등을 들 수 있다.

CHAPTER 10

대중문화

10-1 남자 주인공이 결국 세상을 떠나고 말았어요

문법 1

- (1) 건강에 좋은 음식치고 자극적인 음식은 없다.
  건강에 좋은 음식치고 자극적이다.
- (2) 월급을 많이 주는 회사치고 일이 별로 없는 회사는 없다.
  월급을 많이 주는 회사치고 일이 별로 없다.

문법 2

- (1) 늦게 출발해서 기차를 놓치고 말았다.
- (2) 부모님이 생일 선물로 사 주신 무선 이어폰을 잃어버리고 말았다.
- (3) 잃어버린 이어폰을 꼭 찾고 말겠어요.

어휘와 표현

1. (1) 주연　(2) 소재　(3) 악역
　(4) 시청률　(5) 장면

2. (1) ㉮　(2) ㉰　(3) ㉣
　(4) ㉯　(5) ㉠

듣고 말하기 1

1. (1) 돈
　(2) 도연의 손목에 있는 큰 점
　(3) 엄마와 딸

듣고 말하기 2

1. (1) 비슷한 장면을 다른 한국 드라마에서도 본 것 같다고 생각했다.
　(2) 월요일부터 금요일까지 매일 방영되는 드라마
　(3) ① 가족　② 판타지　③ 범죄
　④ 재난　⑤ 인간관계　⑥ 예술적
　⑦ 철학적

10-2 예매 경쟁이 치열했다던데 어떻게 콘서트 표를 구했어요?

문법 1

- (1) 주말 저녁에 한강에서 야시장이 열린다던데 같이 구경하러 갈래요?
- (2) 오늘 하루만 마트에서 수박을 10,000원에 판다던데 같이 사러 갈래요?
- (3) 공항에서 호텔이 꽤 멀다던데 택시를 타면 얼마나 걸려요?

문법 2

- (1) 룸메이트가 바쁘네 피곤하네 해도 매일 하는 운동은 거르지 않는다.
- (2) 커피를 마시면 밤에 잠이 안 오네 가슴이 두근거리네 해도 계속 마시게 된다.
- (3) 그 영화가 폭력적이네 내용이 별로 없네 해도 사람들에게 큰 인기를 끌고 있다.

어휘와 표현

1. (1) 조명　(2) 관객　(3) 무대
　(4) 의상　(5) 환호성

2. (1) ㉯　(2) ㉮　(3) ㉣
　(4) ㉰　(5) ㉱

읽고 말하기 1

1. (1) 모바일 티켓을 입장 팔찌로 교환해야 한다.
　　(2) 공연 당일
　　(3) 모바일 티켓과 예매자 신분증

읽고 말하기 2

1. (1) 응원봉
　　(2) 팬들의 열광하는 모습
　　(3) 팬들이 앵콜을 외쳐서

10-3 한 단계 오르기

생각해 봅시다

1. (1) 벌레를 싫어하는 동생은 바퀴벌레를 보고 깜짝
　　놀라서 ~~환호성을~~ 질렀다.
　　　　　　소리를
　　(3) 집에서 입으려고 샀는데 이 ~~의상~~ 편해 보이지?
　　　　　　　　　　　　　　옷
　　(4) 요즘 TV에서 방영되고 있는 손현진 주연의 드라
　　마가 많은 **관객들**에게 인기를 끌고 있다.
　　　　　시청자

2. (1) 기름이 많은 인스턴트 식품치고 건강에 좋은 음
　　식이 ~~많아요~~.
　　　　없어요
　　(3) 열심히 돈을 벌어서 지난달에 그동안 사고 싶었
　　던 차를 ~~사고 말았어요~~.
　　　　　　산어요
　　(6) 회사가 지하철역에서 머네 야근이 많네 해도 직
　　원들이 ~~많아 퇴사한다~~.
　　　　그만두지 않는다/퇴사하지 않는다
　　(7) 한국 음식의 **매력을** 푹 빠져 버려서 한국에 오게
　　됐습니다.　매력에

3. 예 호비가 카린의 댄스 선생님을 맡게 되었는데 카린은
호비를 보자마자 사랑에 빠지고 말았다. 카린은 처음
배우는 사람치고 춤을 잘 췄다. 호비도 그런 카린을
보면서 점점 마음을 열게 되었다. 두 사람은 말이 잘
안 통하네 문화가 다르네 해도 서로 사랑했다. 하지만
카린이 고향에 돌아가고 서로 연락을 잘 못하게 되자

어휘 늘리기

1. (1) 콩 심은 데 콩 나고 팥 심은 데 팥 난다
　　(2) 가는 날이 장날
　　(3) 믿는 도끼에 발등 찍힌다
　　(4) 고래 싸움에 새우 등 터진다
　　(5) 도토리 키 재기

2. (1) 믿는 도끼에 발등 찍힌다
　　(2) 콩 심은 데 콩 나고 팥 심은 데 팥 난다
　　(3) 가는 날이 장날
　　(4) 도토리 키 재기
　　(5) 고래 싸움에 새우 등 터진다

CHAPTER 11
동물

11-1 강아지를 맡길 데가 없어서 그러는데 며칠만 맡아 줄 수 있어요?

문법 1

- (1) 요리에 서툴러서 그러는데 옆에서 좀 가르쳐 주시겠어요?
  (2) 목소리가 잘 안 들려서 그러는데 좀 크게 말씀해 주시겠어요?
  (3) 휴대폰 배터리가 나가서 그러는데 가게에서 충전해도 돼요?

문법 2

- (1) 마음에 안 드는 옷을 입으니 차라리 어제 입은 옷을 또 입겠다.
  (2) 회사에서 이렇게 인정을 못 받고 지내느니 차라리 이직하는 게 낫겠다.
  (3) 강아지를 안 친한 친구에게 맡기느니 애견 호텔에 맡기지 그래요?

어휘와 표현

1. (1) 사료　(2) 반려동물　(3) 주인
   (4) 목줄　(5) 배변 봉투

2. (1) ⑪　(2) ㉰　(3) ㉯
   (4) ㉱　(5) ㉮

듣고 말하기 1

1. (1) 귀여운 강아지를 발견하고 만져 보고 싶어져서
   (2) 부탁을 거절했다. 강아지가 사나워서 모르는 사람이 만지면 물지도 모르기 때문에

듣고 말하기 2

1. (1) 키우는 고양이가 할퀴어서
   (2) 한국에서 얼마나 살게 될지 몰라서
   (3) 반려동물을 키우려면 책임감이 강해야 하는데 남자가 아직 준비가 되지 않은 것 같아서

11-2 사람들의 인식이 바뀌지 않는 한 유기 동물 문제는 해결되지 않을 거예요

문법 1

- (1) 발표 연습을 많이 하는 한 실수하지 않을 것이다.
  (2) 바른 자세를 유지하는 한 허리가 아파서 병원에 가는 일은 없을 것이다.
  (3) 새벽에 자는 습관을 고치지 않는 한 아침에 일찍 일어날 수 없다.

문법 2

- (1) 여행도 할 겸 친구도 만날 겸 해서 강릉에 가려고 한다.
  (2) 기분 전환도 할 겸 옷도 살 겸 해서 백화점에 다녀왔다.
  (3) 아침 겸 점심으로 김밥을 먹었다.

어휘와 표현

1. (1) 실종　(2) 교감　(3) 복지
   (4) 제보　(5) 사회성

2. (1) ㉱　(2) ㉮　(3) ㉯
   (4) ㉰　(5) ⑪

읽고 말하기 1

1. (1) 사회성이
   (2) 깨끗한 물과 음식을 항상 제공해야 한다.

읽고 말하기 2

1. (1) 유기 동물이라고 생각했던 동물이 사실은 잃어버린 동물인 경우가 많아서
   (2) 장소와 날짜, 동물의 종류와 특징
   (3) 청계산 쉼터에서 본 강아지를 도와주지 못한 게 마음에 걸려서
   (4) 배가 고픈데도 사람 곁으로 못 오던 모습

11-3 한 단계 오르기

생각해 봅시다

1. (2) 우리 집 강아지는 사람을 좋아하고 순해서 낯선 사람을 봐도 ~~물어요.~~
      물지 않아요
   (3) 키우던 동물을 ~~입양하는~~ 사람들을 제대로 처벌하
         유기하는
      는 법을 만들어야 한다.
   (5) 길고양이가 불쌍해 보여서 도와주려고 했더니 나를 ~~학대해서~~ 손등에 상처가 났다.
         할퀴어서

2. (1) 집에 급한 일이 생겨서 먼저 ~~갔어요.~~
                              가 봐도 될까요?
   (2) 담배를 끊지 않는 한 건강을 지키기 ~~어려웠어요.~~
                              어려울 거예요
   (3) ~~사랑하는 사람~~과 결혼하느니 평생 혼자 살겠어요.
      사랑하지 않는 사람
   (6) 내가 고등학생 때로 ~~돌아가는 한~~ 열심히 공부할
                        돌아간다면
      것이다.

3. 예 첸: 아, 껍질에 있는 숫자가 2인 걸 보니 농장 안에서 자유롭게 자란 닭이 낳은 계란이군요. 저는 가격이 너무 비싸서 이 계란을 사느니 다른 반찬을 해 먹어야겠다고 생각했는데 비싼 이유가 있었네요.
      엠마: 4번이 찍혀 있는 계란은 잘 안 사게 되더라고요. 사람들이 이런 정보를 잘 모르고 저렴한 계란만 찾는 한 동물 복지는 좋아지지 않을 거예요.

어휘 늘리기

1. (1) 꼬르륵
   (2) 소곤소곤
   (3) 엉엉
   (4) 멍멍, 야옹
   (5) 꼬끼오

CHAPTER **12**
한국 문화

12-1 착하게 살면 복을 받기 마련이다

문법 1

● (1) 한쪽 이야기만 들어서는 어느 쪽이 잘못했는지 알 수 없다.
   (2) 식단을 조절하지 않고 운동만 해서는 살을 뺄 수 없다.
   (3) 시험 볼 때 휴대폰을 가지고 들어가서는 안 된다.

문법 2

● (1) 급하게 먹으면 체하기 마련이다.
   (2) 거짓말을 하면 언젠가는 밝혀지기 마련이다.
   (3) 눈에서 멀어지면 마음에서도 멀어지기 마련이다.

어휘와 표현

1. (1) 박   (2) 넝쿨   (3) 초가집
   (4) 제비   (5) 주걱   (6) 금은보화

2. (1) ㉳   (2) ㉴   (3) ㉮
   (4) ㉰   (5) ㉲

듣고 말하기 1

1. (1) 흥부전 (뮤지컬 공연, 마당놀이 공연)
   (2) 어린이부터 어르신까지 가족 단위의 관람객
   (3) 5월 1일부터 한 달 동안

듣고 말하기 2

1. (1) 놀부는 부모님의 유산을 독차지하고 흥부를 집에서 내쫓았다.
   (2) 밥풀이 붙은 주걱으로 흥부의 뺨을 때렸다.
   (3) 다친 제비의 다리를 고쳐 주었고 제비가 가져온 씨에서 열린 박에서 쌀, 금은보화 등이 나왔다.
   (4) 자신도 부자가 되기 위해 제비의 다리를 일부러 부러뜨리고 치료한 후 남쪽으로 날려 보냈다.

12-2 윷놀이를 해 보기는커녕 이름도 들어 본 적이 없어요

문법 1

- (1) 하루 종일 너무 바빠서 식사는커녕 물 마실 시간조차 없었다.
- (2) 이사 온 지 얼마 안 돼서 친구는커녕 아는 사람도 별로 없다.
- (3) 봄이 됐는데 날씨가 따뜻해지기는커녕 오히려 쌀쌀해졌다.

문법 2

- (1) 그 회사는 여름에 일이 많은 반면에 겨울에 일이 별로 없다.
- (2) 나는 내성적인 반면에 오빠는 사교적이다.
- (3) 노인 인구는 증가하는 반면에 신생아 수는 감소하고 있다.

어휘와 표현

1. (1) 말   (2) 판   (3) 한-
   (4) 칸   (5) 편

2. (1) ⓝ   (2) ⓡ   (3) ⓓ
   (4) ⓐ   (5) ⓜ

읽고 말하기 1

1. (1) 출발한 네 개의 말이 모두 시작점으로 먼저 돌아오는 팀이 승리한다.
   (2) • 윷이나 모가 나오는 경우
       • 상대방의 말을 잡는 경우

읽고 말하기 2

1. (1) 상대편의 말을 잡을 수 있기 때문에
   (2)

개	개	2칸
걸	양	3칸
윷	소	4칸
모	말	5칸

   (3) 선조들의 생각과 당시의 생활 모습

12-3 한 단계 오르기

생각해 봅시다

1. (2) 한국에서는 ~~주걱으로~~ 국이나 밥을 먹고 젓가락으로 반찬을 먹는다.
       숟가락으로
   (4) 나는 다른 사람과의 약속 시간을 잘 지키지 않는 사람을 ~~원망한다.~~
       싫어한다
   (5) 새로 뽑은 직원은 ~~요령이 빨라서~~ 무슨 일이든 힘들이지 않고 빨리 끝낸다.
       요령이 있어서/좋아서

2. (2) 날마다 ~~한국어로만~~ 얘기해서는 어떻게 한국어를
　　　　　모국어로만
　　　잘할 수 있겠어요?

　(3) 경제가 불황일 때는 사람들이 돈을 ~~많이 쓰기~~ 마
　　　련이다.　　　　　　　　　　　　아껴 쓰기

　(4) 한국 ~~영화는커녕~~ 드라마도 좋아해서 자주 봐요.
　　　　　영화는 물론이고

　(5) 영화가 너무 ~~지루해서~~ 시간이 가는 줄 몰랐다.
　　　　　　　　재미있어서

3. 예 동생 흥부는 마음씨가 착하고 베풀기를 좋아하는
　　반면에 형 놀부는 욕심이 많고 남을 괴롭히기를 좋아
　　했습니다. 시간이 흘러 부모님이 돌아가시자 놀부는
　　흥부 가족을 집에서 내쫓았습니다. 집에서 쫓겨난 흥
　　부 가족은 먹을 것이 없어서 힘든 생활을 했습니다.
　　흥부는 가족을 위해 형 놀부를 찾아가 쌀을 좀 나눠
　　달라고 부탁했습니다. 그러나 놀부의 부인은 쌀을 나
　　눠 주기는커녕 주걱으로 흥부의 뺨을 때려서 집에서
　　내쫓았습니다.

어휘 늘리기

1. (1) 꼭꼭
　(2) 쓱쓱
　(3) 쑥쑥
　(4) 주렁주렁
　(5) 철썩

2. (1) 철썩
　(2) 쓱쓱
　(3) 쑥쑥
　(4) 꼭꼭
　(5) 주렁주렁

듣기 대본

CHAPTER 7
미래

7-1 로봇 기술이 발전하더라도 인간의 일자리는 남아 있을 거예요

듣고 말하기 1

사회자 오늘은 로봇연구센터 이민규 소장님을 모시고 과학의 날 특집 인터뷰를 하겠습니다. 소장님, 안녕하세요? 요즘은 일상에서도 로봇을 접할 기회가 많아졌는데요.

이민규 네, 반갑습니다. 말씀하신 대로 최근에는 일상생활 곳곳에서 로봇을 만날 수 있게 됐습니다. 청소 로봇을 사용하는 가정도 늘었고, 카페나 식당에서 사람 대신 음료를 만들거나 안내하는 로봇도 쉽게 볼 수 있습니다. 처음에 로봇은 공장에서 제품을 생산하는 일을 하는 것이 전부였는데, 오늘날에는 AI 로봇까지 등장했습니다. AI 로봇은 자신이 학습한 정보를 이용해 스스로 판단하고 문제를 해결할 수 있습니다. 아직은 그 기술에 한계가 있지만 앞으로 이런 기술들은 꾸준히 발전해 나갈 것으로 보입니다.

듣고 말하기 2

선생님 과학 기술이 발달하면서 인간 생활에 도움을 주는 다양한 로봇이 등장하고 있습니다. 하지만 사람들이 지나치게 로봇에 의존하게 될까 봐 걱정이라는 목소리도 있는데요. 오늘은 로봇 발달에 대한 여러분의 의견을 들어 보도록 하겠습니다. 파티마 씨부터 이야기해 볼까요?

파티마 저는 로봇의 발달이 우리 사회에 긍정적인 영향을 준다고 생각합니다. 로봇은 인간보다 효율적으로 일합니다. 같은 시간에 더 많은 양의 제품을 생산할 수 있고 인간처럼 육체적인 피로를 느끼지도 않습니다. 로봇의 사용으로 인해 생산의 자동화가 가능해지면서 사람들의 노동 시간이 줄어들고 있습니다.

엠마 저도 파티마 씨처럼 로봇 발달에 대해 긍정적으로 생각합니다. 로봇은 우리의 생활을 편리하게 해 줍니다. 청소 로봇 같은 AI 기능이 있는 가전제품이 점점 대중화되고 있습니다. 이런 로봇들은 인간이 신경 쓰지 않더라도 스스로 일을 하기 때문에 사람들은 단순한 집안일에서 벗어날 수 있습니다. 요즘 바빠서 여가를 즐길래야 즐길 수가 없다고 말하는 사람들이 많은데요. 로봇의 도움을 받으면 일하는 시간을 절약하게 되어 남는 시간에 취미 생활을 할 수 있게 될 것입니다.

마크 저는 로봇 발달에 대해 조금 부정적인 입장인데요. 가끔 영화나 드라마에 인간보다 뛰어난 능력을 가진 로봇이 인간을 위험에 빠뜨리는 장면이 나옵니다. 그런 모습을 볼 때마다 현실에서도 비슷한 일이 벌어지지 않을지 걱정이 됩니다.

파티마 로봇이 인간처럼 생각하고 행동하게 되면 예측하지 못한 안 좋은 일이 생길 수도 있겠지요. 하지만 인간의 필요에 맞게 제한적으로 사용한다면 로봇은 긍정적인 점이 훨씬 많다고 생각합니다.

선생님 네, 구체적인 이유와 함께 자신의 의견을 잘 이야기해 주었는데요. 또 다른 의견이 있는 사람은 손을 들고 이야기해 볼까요?

CHAPTER 8
한글

8-1 세종대왕이 없었더라면 한글은 만들어질 수 없었겠네요

듣고 말하기 1

한글날을 기념하여 서울시에서는 국내에 거주하고 있는 외국인 유학생을 대상으로 한국어 말하기 대회를 개최합니다. '한국어'와 '한글'을 주제로 자신의 경험과 생각을 자유롭게 이야기해 보십시오. 서울시에서 주최하고 홍익 전자가 후원하는 이번 말하기 대회의 수상자들에게는 총 1,000만 원 상당의 장학금과 상품권이 지급될 예정입니다. 참가 신청은 SNS나 홈페이지를 통해 가능하며 더 자세한 내용은 서울시 홈페이지를 참고해 주시기 바랍니다. 이번 기회를 통해 자신의 한국어 실력을 확인하고 더 많은 사람들과 함께 자신의 생각과 경험을 공유해 보시기 바랍니다.

듣고 말하기 2

선생님　마크 씨는 오늘이 무슨 날인 줄 알아요?

마크　그럼요. 10월 9일. 세종대왕님이 한글을 만든 것을 기념하는 한글날이잖아요.

선생님　잘 알고 있네요. 하지만 더 정확히 말하면 한글을 만들고 세상에 처음으로 공개한 것을 기념하는 날이라고 할 수 있어요.

마크　그렇군요. 그런데 선생님, 예전부터 한글을 만든 과정에 대해 궁금한 게 있었는데요.

선생님　뭐가 궁금한데요?

마크　사람들이 보통 세종대왕님이 한글을 만드셨다고 하는데 아무리 생각해 봐도 왕이 직접 뭔가를 만들었을 것 같지는 않은데 정말로 세종대왕님이 직접 한글을 만드셨나요?

선생님　한글이 세상에 공개될 때, 한글을 어떻게 만들었는지를 설명하는 책도 함께 나왔는데 그 책에 '임금님이 한글을 지으셨다'라는 내용이 기록되어 있어요. 그리고 조선 시대 왕궁의 역사를 기록한 책에도 세종대왕님이 외국에서 가져온 언어학에 관련된 책들을 즐겨 읽었다든가, 한글 창제를 반대하는 학자들과 직접 토론을 했다든가 하는 내용이 남아 있거든요. 이런 자료들이 세종대왕님이 오랜 연구 끝에 직접 한글을 지었다는 사실을 뒷받침하고 있지요.

마크　정말요? 문자를 만드는 게 쉬운 일이 아니었을 텐데, 왕이 직접 그 일을 했다니 정말 대단하네요. 그런데 한글 창제를 반대하는 학자들이 있었다고요? 왜요? 쉬운 글자가 생기면 백성들에게 좋은 일이 아닌가요?

선생님　맞아요. 당시 백성들은 한자를 몰라서 생활하는 데에 많은 어려움이 있었기 때문에 쉽게 배울 수 있는 글자가 필요했어요. 하지만 양반들은 아무 불편함 없이 한자를 사용하고 있었기 때문에 새로운 글자가 필요하다고 생각하지 않았거든요.

마크　그렇다면 세종대왕님은 권력을 가진 양반들을 위해서가 아니라 오직 힘없는 백성들을 위해서 한글을 만드신 거군요.

선생님　네, 그래서 지금도 많은 한국 사람들이 가장 존경하는 인물로 세종대왕님을 이야기하지요. 세종대왕님이 안 계셨더라면 한글은 절대 만들어질 수 없었을 거예요.

CHAPTER **9**

생활과 경제

9-1 어려운 이웃에게 조금이나마 도움이 됐으면 해서 그 제품을 구매했어요

듣고 말하기 1

리포터　안녕하십니까? '착한 가게를 찾아라!' 두 번째 시간입니다. 최근 홍대의 한 치킨집이 밀려드는 주문에 행복한 고민을 하고 있다고 합니다. 이 매장은 이름난 맛집도 아니었고 오히려 매출이 떨어져 힘들어했던 가게 중 하나였다고 하는데요. 그날도 장사가 안 돼서 밖에 나와 있던 사장님의 눈에 한 형제의 모습이 들어왔다고 합니다. 그날의 상황을 사장님께 들어 보겠습니다.

사장　형은 치킨을 먹자고 조르는 동생에게 아무 대답도 못 하고 메뉴판만 보고 있더라고요. 제가 치킨을 주문하러 왔냐고 하니 5000원어치만 먹을 수 있냐고 물어봐서 아이들을 데리고 매장 안으로 들어왔죠. 그리고 나서 먹고 싶었던 메뉴를 마음껏 먹으라고 했어요. 저는 그냥 작은 일을 했을 뿐인데 이렇게 인터뷰까지 하러 오시다니, 정말 쑥스럽네요.

리포터　사장님은 이후에도 형제에게 몇 번이나 치킨을 무료로 제공했고 사장님이 베푼 선행이 SNS에 알려지면서 칭찬 댓글이 끊이지 않고 있다고 합니다.

박서준 카린 씨, SNS에서 홍대 근처에 있는 착한 치킨
가게에 대한 이야기를 봤어요?

카린 네, 서준 씨. 저도 봤어요. 그 가게 사장님이 돈이
부족해서 매장 앞에서 구경만 하던 아이들에게
무료로 치킨을 먹게 했다는 사연이 요즘 SNS에
자주 뜨더라고요. 사장님은 이 일을 계기로 앞으로
지속적으로 결식아동들을 후원하려고 한대요. 그
인터뷰를 보고 나니 마음이 훈훈해지면서 왠지 그
가게에 가서 한번 치킨을 먹어 보고 싶다는 생각이
들었어요.

박서준 카린 씨도 저랑 비슷한 생각을 했네요. 요즘
이렇게 일부러 착한 가게를 찾아 물건을 구매하는
착한 소비가 늘고 있대요.

카린 착한 소비요? 그게 뭔데요?

박서준 착한 소비란 이웃과 환경에 미치는 영향까지
충분히 고려해 상품이나 서비스를 구매하는 걸
말하는데, SNS를 통해 이런 소비 문화가 확산되고
있는 것 같아요. 소비자들은 SNS의 태그 기능을
비롯해 댓글 등을 활용해 적극적으로 자신의 소비
활동을 공유하고 사회적 관심을 이끌어 내고
있어요.

카린 그런데 왜 이렇게 착한 소비에 관심을 가지는
사람들이 증가했을까요?

박서준 전에 그것과 관련된 설문 조사 결과를 본 적이
있는데 착한 소비에 관심을 가지는 이유가
무엇이냐는 질문에 어려운 이웃에게 조금이나마
보탬이 되는 게 기뻐서라고 응답한 사람들이
많더라고요. 예전에는 소비의 목적이 단순히
자신이 필요한 걸 얻는 것이었다면 요즘은 소비
활동을 통해 사회적 가치를 추구하는 사람들이
많아진 것 같아요.

카린 그렇군요. 지금 검색해 보니 착한 식당의 음식을
주문하는 것뿐만 아니라 친환경 제품을 찾아
구매하거나 공정 무역 초콜릿 등을 찾아서 구매하는
것도 착한 소비에 포함된대요. 홍대 근처에도
이웃과 환경을 위한 착한 소비를 실천할 수 있는
가게들이 많다고 하니 한번 날을 잡아서 착한 가게
투어를 해 봐야겠어요.

CHAPTER 10

대중문화

10-1 남자 주인공이 결국 세상을 떠나고 말았어요

정우 모 아가씨, 우리 아들 정우랑 헤어져 줘요. 이 정도
돈이면 충분할 거라고 생각해요.

도연 어머니, 무슨 말씀이세요? 저 정우 씨 사랑해요.
저희가 얼마나 사랑하는 사이인데요.

정우 모 도연 씨, 내가 긴말 안 할게요. 이 돈 받아요.

도연 아… 아니 괜찮아요. 이 돈도 안 받고 헤어지지도
않을 거예요.

정우 모 우선 받고 나중에 생각해요. 자, 손에 이렇게 꼭
쥐고 생각해.

도연 제 손에 이렇게 쥐어 주실 필요 없어요.

정우 모 (놀라는 목소리로) 어? 점? 손목에 큰 점이 있네.

도연 아, 네. 점이 왜요?

정우 모 혹시… 발등에도 큰 점이 있어?

도연 어? 어떻게 아셨어요? 발등에 점 있는 거?

정우 모 신발 벗어 봐. 빨리!

도연 네? 왜… 갑자기… (부스럭거리며 신발을 벗고)
자요. 발은 왜 보여 달라고 하시는 거예요?

정우 모 (흐느끼며) 아이고… 그동안 어떻게 지냈어?
아이고….

도연 어머니, 갑자기 왜 우세요?

정우 모 연진아, 연진아.

도연 연진이가 누군데요?

정우 모 20년 전에 딸이 있었어. 우리 딸 연진이, 도연 씨가
연진이야. 점이 딱 연진이야.

도연 네? 무슨 소리세요? 말도 안 돼요. 그럼 정우 씨가
제 오빠라고요?

정우 모 (흐느끼며) 그… 그건 아니야. 정우는 사실….

듣고 말하기 2

마크, 엠마   어? 이 장면은?

마크   어?

엠마   이게!

엠마   하하, 너도 왠지 나랑 같은 생각 한 것 같은데.

마크   이런 비슷한 장면은 다른 한국 드라마에서도 몇 번 본 것 같아서.

엠마   맞아. 나도 그런 생각 했어. 민아 씨, 한국 드라마에는 출생의 비밀이 밝혀지는 장면이 많이 나오는 것 같아요. 가난한 여자가 알고 보니 부잣집 딸이라든가, 사랑하는 사람의 부모 중 한 명이 주인공의 엄마나 아빠라든가 하는 얘기요.

민아   하하, 맞아요. 사실 한국의 일일 드라마치고 출생의 비밀이 안 나오는 드라마가 별로 없죠.

마크   일일 드라마요?

민아   아, 월요일부터 금요일까지 매일 방영되는 드라마를 일일 드라마라고 부르거든요.

엠마   그런데 일일 드라마에 왜 저런 내용이 많이 나오는 거지?

마크   음… 그런 자극적인 소재나 주인공을 괴롭히는 악역이 나와야 시청률을 높일 수 있어서 드라마에 자주 나오는 게 아닐까?

민아   그런 면이 없지 않아 있죠. 그런데 사실 출생의 비밀을 소재로 한 드라마가 많은 이유는 한국 사람이 가족이나 혈연을 중요시해서 그런 게 아닐까 싶어요.

마크   그럴 수도 있겠네요. 그런데 요즘은 인터넷 OTT 서비스를 통해 드라마나 영화를 많이 보잖아요. 그런 드라마들은 이런 내용이 별로 없는 편인 것 같아요.

엠마   음… 맞아요. 생각해 보니 세계적으로 인기를 많이 끈 한국 드라마에서는 그런 내용을 별로 못 본 것 같아요. 오히려 최근 한국 드라마는 현실에서 일어날 수 없는 판타지 소재가 많은 것 같아요.

마크   듣고 보니 그렇네요. 내가 얼마 전에 손현진이 주연을 맡은 드라마를 봤거든. 주인공이 물속에 빠져서 정신을 잃고 말았는데 깨어나 보니 10년 전으로 돌아가 자신을 위험에 빠트린 사람에게 복수하는 내용이었어.

민아   한국은 가족을 소재로 한 드라마나 현실을 잊을 수 있는 판타지가 많은데 미국은 어때요?

엠마   미국의 경우에는 범죄나 재난이 발생하는 드라마가 인기를 많이 끄는 것 같아요. 범죄나 재난이 해결되는 것을 보면서 희열을 느끼고요. 프랑스도 비슷해?

마크   글쎄. 프랑스도 그런 드라마가 없는 것은 아닌데. 그렇게 스케일이 큰 드라마보다는 인간관계를 소재로 한 드라마가 많아. 예술적이고 철학적인 드라마도 많고.

민아   각 나라마다 인기 있는 드라마가 많이 다른 것 같아요. 다른 나라들은 어떤 드라마가 많은지 궁금한데요.

CHAPTER 11
동물

11-1 강아지를 맡길 데가 없어서 그러는데 며칠만 맡아 줄 수 있어요?

듣고 말하기 1

카린   날씨가 좋아서 그런지 공원에 사람이 많네요. 엠마 씨, 저쪽 벤치에 앉아 있는 강아지 너무 귀여운데요? 우리 가까이 가서 볼까요?

엠마   좋아요. 아직 새끼 강아지인 것 같은데 정말 인형 못지않게 예쁘네요. 만져 봐도 되는지 제가 주인한테 물어볼게요.

엠마   안녕하세요? 강아지가 너무 귀여워서 그러는데 혹시 한번 만져 봐도 될까요?

주인   아, 보기랑 다르게 좀 사나워서 모르는 사람이 만지면 물지도 몰라요.

카린   그렇군요. 보기에는 정말 순해 보이는데 아쉽네요. 그런데 강아지 목줄에 달려 있는 작은 가방은 뭐예요?

주인   배변 봉투가 들어 있는 가방이에요. 목줄에 같이 달려 있으니까 산책할 때 잊지 않고 챙길 수 있어서 좋더라고요.

카린   아이디어가 좋네요. 반려동물과 산책할 때는 주인들이 신경 써야 할 게 많겠어요. 그럼 산책 즐겁게 하세요.

빈　엠마 씨, 손등에 또 상처가 났네요.

엠마　네. 우리 집 고양이 '젬마'가 할퀴어서요. 젬마가 좀 예민하거든요.

빈　그렇게 맨날 다치면서도 고양이를 키우는 게 좋아요?

엠마　그럼요. 처음에는 한국에서 얼마나 살게 될지 몰라서 고양이 키우는 걸 많이 망설였는데 지금은 키우기를 잘했다고 생각해요.

빈　집에 반려동물이 있으면 털 때문에 청소도 자주 해야 되고 사료며 간식이며 챙겨 줘야 할 것도 많고 아프면 병원도 데려가야 하니까 혼자서 돌보기 힘들 것 같은데 괜찮아요?

엠마　물론 신경 써야 할 게 많지만 같이 살면서 즐거울 때가 훨씬 많아요.

빈　고양이랑 같이 살면 뭐가 좋은데요?

엠마　가족을 떠나 외국에서 혼자 살다 보면 외로워질 때가 있잖아요. 그런데 젬마와 같이 사니까 외로움도 줄고 생활에 활력도 더 생겼어요. 저도 고양이처럼 '야옹'하고 울면서 같이 대화하기도 하고 심심할 때 같이 장난도 치며 친구처럼 지내고 있어요. 또 우리 젬마는 영리해서 사람들 기분도 잘 알아차리는데 제가 지쳐서 집에 돌아오면 제 곁으로 와서 털을 비비며 위로해 주기도 해요.

빈　그렇군요. 사실 저도 어렸을 때 강아지를 키워 보고 싶어서 한 달 동안 부모님을 조른 적이 있어요. 그런데 부모님이 반려동물을 키우려면 책임감이 강해야 하는데 제가 아직 준비가 되지 않은 것 같다며 반대하셨어요.

엠마　맞아요. 키우다가 중간에 포기하느니 처음부터 키우지 않는 게 맞는 것 같아요. 저는 고향에 돌아갈 때도 꼭 젬마와 같이 갈 거예요.

CHAPTER 12

한국 문화

12-1 착하게 살면 복을 받기 마련이다

듣고 말하기 1

가족의 달 5월을 맞아 사랑받는 우리의 고전 흥부전이 뮤지컬로 다시 태어났습니다.

아이부터 어른까지 온 가족이 즐길 수 있는 신나는 공연, 우리의 옛이야기를 통해 배우는 선조들의 교훈, 웃음과 감동이 함께 하는 명작 뮤지컬, 흥겨운 음악과 함께 즐기는 마당놀이 뮤지컬 흥부전.

홍익 아트센터에서 5월 1일부터 한 달간 계속되는 이번 공연에 많은 관심과 사랑 부탁드립니다.

듣고 말하기 2

내레이션　옛날 어느 마을에 욕심쟁이 형 놀부와 착한 흥부가 살았습니다. 부모님이 돌아가시자 형 놀부는 부모님의 유산을 독차지하고 동생 가족을 집에서 내쫓았습니다.

놀부　너희는 식구가 많아서 이렇게 먹어서는 우리까지 굶어 죽겠으니 이제 이 집에서 나가 살아라.

흥부　형님, 이 겨울에 저희 가족이 어디로 가라는 말씀이십니까?

놀부　그걸 왜 나한테 물어보는 거냐. 어서 썩 나가거라!

내레이션　부모님 집에서 쫓겨난 흥부 가족은 산속에 초가집을 짓고 살았습니다. 하지만 먹을 것이 없어 자식들이 굶자 흥부는 도움을 얻기 위해 형을 찾아갔습니다.

흥부　형님, 계십니까? 집에서 아이들이 굶고 있습니다. 조금이라도 좋으니 제발 쌀을 좀 나눠 주십시오.

놀부　아니 이놈아, 글쎄 너희 줄 쌀이 없다니까. 어서 내 집에서 나가지 못해!

내레이션	그때 밥을 하고 있던 놀부 부인이 밥풀이 붙은 밥주걱을 들고 부엌에서 뛰어나왔습니다.
놀부 아내	배고프면 이거나 받아요! 그렇게 먹고 싶은 쌀밥! (철썩!)
흥부	아이코.
내레이션	놀부의 아내는 주걱으로 흥부의 뺨을 때렸고 얼굴을 맞은 흥부는 빈손으로 집으로 돌아왔습니다. 그런 일을 당하면 상대방을 원망하기 마련인데 흥부는 형을 원망하지 않고 가족들을 위해 열심히 일했습니다. 그러던 어느 날 흥부는 다리가 부러진 채 마당에 떨어진 제비를 발견하고 정성스럽게 다리를 치료해 주었습니다. 흥부의 간호로 다리가 나은 제비는 따뜻한 남쪽으로 날아갔다가 다음 봄이 되자 입에 박 씨를 물고 흥부네로 돌아왔습니다. 제비가 주고 간 박 씨를 땅에 심자 넝쿨이 지붕 위까지 쑥쑥 자라서 초가집 지붕 위에는 커다란 박이 주렁주렁 열렸습니다. 가을이 되어 흥부와 아내는 박을 썰어서 그 안을 열어 보았는데 그 안에서 글쎄….
흥부 부부	하나 둘, 쓱쓱, 하나 둘, 쓱쓱 열심히 톱질하세, 어서, 어서 열려라.
흥부 아내	여보, 드디어 박이 열렸어요. 그런데 박에서 나오는 이게 도대체 뭐예요?
흥부	아니, 이건!
내레이션	첫 번째 박에서는 쌀과 음식이, 두 번째 박에서는 온갖 금은보화가, 세 번째 박에서는 하인들이 튀어나와 흥부 가족이 살 대궐 같은 커다란 집을 만들어 주었습니다. 제비가 물어다 준 박 씨 덕분에 흥부네 가족은 마을에서 가장 큰 부자가 되었습니다. 흥부가 제비 덕분에 큰 부자가 되었다는 얘기를 들은 놀부는 배가 아파서 잠도 오지 않았습니다. 그래서 놀부는 박 씨를 얻기 위해 제비 한 마리를 잡아서 일부러 다리를 부러뜨리고 치료해 준 후 남쪽으로 날려 보냈습니다. 봄이 되자 제비는 박 씨를 물고 다시 놀부의 집으로 돌아왔고 놀부는 부자가 될 생각에 신이 나서 박 씨를 땅에 심었습니다. 여름이 되자 성질 급한 놀부는 박이 다 자라서 익기도 전에 따서 아내와 함께 톱질을 시작했습니다.
놀부 부부	하나 둘, 쓱쓱, 하나 둘, 쓱쓱 어서, 어서 열려서 세상에서 제일 큰 부자로 만들어 주거라.
놀부 아내	여보, 박이 열렸어요. 에구머니. 그런데 박에서 나오는 이게 도대체 뭐예요?
놀부	아니, 이건!

ㅇ

ㅈ

MEMO

MEMO

MEMO

Hi! KOREAN 4B
Student's Book

지은이 김지수, 박선영, 안용준, 함윤희
펴낸이 정규도
펴낸곳 (주)다락원

초판 1쇄 인쇄 2023년 12월 4일
초판 1쇄 발행 2023년 12월 13일

책임편집 이숙희, 박인경
디자인 김나경, 안성민, 조영라
일러스트 윤병철
번역 Jamie Lypka
이미지 출처 shutterstock, iclickart

다락원 경기도 파주시 문발로 211, 10881
내용 문의 : (02)736-2031 내선 420~426
구입 문의 : (02)736-2031 내선 250~252
Fax : (02)732-2037
출판등록 1977년 9월 16일 제406-2008-000007호

ISBN 978-89-277-3328-7 14710
     978-89-277-3313-3 (set)

http://www.darakwon.co.kr
다락원 홈페이지를 방문하시면 상세한 출판 정보와 함께
MP3 자료 등 다양한 어학 정보를 얻으실 수 있습니다.